2021年

长沙市文化和旅游业发展报告

陈　莉◎主编

湘潭大学出版社

長沙商貿旅游職業技術學院
系列产业年度报告编审委员会

本书编委会

总　序

《长沙市国民经济和社会发展第十四个五年规划和二〇三五年远景目标纲要》强调，要聚焦人民群众对美好生活的向往，以高品质、多样化、便利化为导向，重点发展旅游休闲、文化创意、商贸服务等产业，突破生活性服务业领域物理限制和服务半径，推动生活性服务业扩容提质。产业是经济发展的引擎，直接决定了经济发展的状况。产业链的基础是产业，对接产业办专业是职业教育的关键，了解产业动态，掌握产业现状，研究产业发展趋势，预测产业人才需求，是高职院校专业良性发展的重要条件。国家“双高计划”建设单位长沙商贸旅游职业技术学院是长沙市人民政府主办的全日制高等职业院校，办学60年来，坚持“立足长沙、服务三湘（湘菜、湘商、湘旅）”的办学定位，紧跟长沙市产业布局，积极探索“政行企校”合作办学机制，创新“产教融合、校企合作”途经，推进职业教育高质量发展。每年一度的“二级学院院长说产业、专业主任说专业”教研活动引起了职教界的普遍关注，由学校牵头，联合政府和行业企业编制产业年度报告，开启了服务决策咨询的全新尝试。

为此，2019年我校组织编写并出版了《2019年度长沙市会展业发展报告》和《2019年度湖南省湘菜产业发展报告》两本年度报告，得到了湖南省以及长沙市相关主管部门、餐饮行业和湘菜企业、会展行业和会展企业的好评，成为相关单位制定决策规划和年度计划的智库帮手。在丛书的使用过程中，兄弟省市及同类院校的读者就报告的内容组织、章节设置和呈现形式等方面提出了宝贵的建议和意见，为下一年度报告的编写提供了很好的参考价值。

2021年，受疫情和国际形势的影响，部分产业遭受重创，给经济发展带来了空前的挑战。在此背景下，我校按照长沙市产业发展蓝图，结合专业优势，整合社会资源，组织编写了《2021年长沙市湘菜餐饮业发展报告》《2021年长沙市金融业发展报告》《2021年长沙市会展业发展报告》《2021年长沙市文化和旅游业发展报告》和《2021 年长沙市电子商务业发展报告》五本产业发展报告，全面呈现产业数据，记录重要变化和需要反思的时刻，洞察分析、前瞻预判，期待能够为产业振兴提供更有价值的专家观点和趋势预测信息，为长沙市有关部门提供决策咨询依据，为湖南省“三高四新”的建设贡献职教力量。

编委会主任、校长：刘国华

序

近年来，我国文化与旅游业蓬勃发展，作为国内消费升级的重要内容，从市场增长到国家政策再到产业投资，已成为引领我国消费升级的主要引擎。在新时代全球化和城镇化背景下，文化旅游产业正呈现全球化、区域化和产业化的新趋势，新场景、新技术、新产品、新模式带来“文旅＋产业”的异彩纷呈。

2020年，国民经济依然保持复苏的态势，文旅经济也将从重投资到精细化运营阶段转向。中国文化与旅游业经历了与疫情共舞的一年，整体文旅经济复苏轨迹呈现先高后低的发展态势，但整体发展水平于2019年仍有一定差距，求生、求存、求新成为行业发展的主旋律。同时，文化与旅游业变革仍在持续，产业服务各个环节或多或少出现了新鲜的元素和内容，如何创新、提质升级成为文旅产业发展方向。新消费、科技重塑、政策推动、资本助力、产业升级在推动文化与旅游业创新，例如在新消费发展方面，包括新中产、新圈层、新青年等消费客群在不断崛起，同时抖音、小红书等新媒体传播渠道也成为主流，体验消费、品牌消费、社交消费也在崛起。

长沙融山、水、洲、城于一体，拥有丰富的生态旅游资源。每逢重要的节假日，网红长沙人潮如织。在不断升级的旅游需求和全域旅游的大背景下，单纯的文化与旅游的集聚已难以立足，文旅深度融合、彰显城市特色是长沙高质量发展的必然选择。近年来，长沙市文化与旅游业持续快速发展，成了省会千亿支柱产业，其中旅行社、旅游景区、酒店住宿业作为三大支柱持续发力。此外，长沙先后获批首批国家文化与科技融合示范基地、文化出口基地、文化和旅游消费示范城市。全市先后建成了湘江欢乐城、新华联铜官窑等大型文旅项目，形成了旅游休闲、演艺娱乐、影视传媒、出版发行、数字视频等多业态体系，拥有文化旅游市场主体8万余家，文化产业园区（基地）49家（其中国家级12家），主板上市企业10家、新三板14家，规模以上文化企业达1155家。

长沙，从三千年烟雨画图的时光中走来，无数记忆的层积，给了这座城市厚重的底色。湘水潆洄，拖写延绵诗意，麓山高峙，耸立壮丽画屏，给了这座城市灵秀的身姿；山水人文造就出这座城市独特的气质，灵秀却又豪迈，古老却又青春。从敢为人先的城市精神，到“恰同学少年”的风华正茂，从娱乐节目的独步全国，到橘子洲烟花的纵恣闪耀，到文和友、茶颜悦色的现象级IP，涌现出的每一种心动、每一个惊喜，都映射出这座城市美妙的灵魂。推动文化产业集群发展、实施历史文脉保护传承工程、实施红色景点保护工程、持续推动品牌创建、增强文旅消费动能……文旅名城专项行动，是立足现实、聚焦重点的定向深耕，是锚定一流、追求卓越的御风而行。

长沙具有品牌基础，可以依托汉长沙国考古遗址公园，炭河里青铜、铜官窑陶瓷等考古遗址资源，通过充分展示大遗址历史信息和考古工作成果，建设好“山水洲城”，打造具有国际影响力的城市公共文化空间。长沙也具有文化优势，可依托岳麓书院、马王堆汉墓、走马楼简牍、天心阁等历史资源，营造有内涵、有特色的消费环境；精心打造太平街、潮宗街、西文庙坪等一批历史文化街区；提质岳麓山、橘子洲、刘少奇纪念馆、秋收起义纪念馆等红色革命文化景点；融入现代都市文化，扶持魅力四射酒吧、琴岛演艺、上机堂网咖等知名品牌转型升级，提升“娱乐之都”品牌形象。

长沙商贸旅游职业技术学院编制的《2021年长沙市文化与旅游业发展报告》全面系统梳理总结了2020年度长沙文化与旅游业总体发展情况，重点剖析了文旅产业三大支柱旅行社、旅游景区、酒店住宿业的发展情况，总结了长沙文化与旅游业重振的主要经验和典型做法，对标介绍了北京、上海、成都等全国十大文旅消费热点城市发展成效和经验，并对2021年长沙文化与旅游业总体发展趋势与三大支柱发展趋势进行了预测，提出相关建议，同时梳理出2020年长沙文化与旅游业发展大事件。该报告数据资料详实有据，介绍分析系统全面，分析总结全面深透，建议切实可行，条理清晰，逻辑严谨；该报告对长沙市、湖南省文化与旅游业发展具有重要的参考价值，对其他城市编制文旅产业发展报告具有很好的借鉴意义。

文化与旅游业是一个不断迭代的生态系统，需要涌入新元素、新模式，使其螺旋上升，需要以前瞻性的战略、创新性的思维卡位高点和远点，才能在激烈的市场竞争中突围。随着文旅融合发展推进，长沙的魅力将日益展现：不仅有高品位的旅游资源、发达完善的配套服务设施，强健蓬勃的产业结构、繁荣活跃的业态发展，还有成熟开放的国际交流功能、开明友善的人文环境，个性鲜明的城市形象、享誉全球的品牌建设。

湖南省旅游学会会长 熊健

2022年8月

目　录

第一章
长沙市文化与旅游业发展概况

2020 年长沙市文旅广电系统坚持以习近平新时代中国特色社会主义思想为指导，坚持稳中求进工作总基调，统筹推进疫情防控和文旅广电发展，在危机中育先机，于变局中开新局，交出了文旅融合高质量发展的精彩答卷。

第一节 长沙市文化与旅游业发展总体情况

一、文旅经济波动起伏，多方协同局势向好

2019年12月，湖北省武汉市持续开展流感及相关疾病监测，发现多起病毒性肺炎病例，均诊断为病毒性肺炎/肺部感染后，2020年1月20日，习近平总书记对新型冠状病毒感染的肺炎疫情作出重要指示，强调把人民群众生命安全和身体健康放在第一位，坚决遏制疫情蔓延势头 。2020年1月30日，世界卫生组织（WHO）宣布，将新型冠状病毒疫情列为国际关注的突发公共卫生事件（PHEIC）。世界卫生组织3月11日表示，新冠肺炎疫情的暴发构成全球性“大流行”。2020年6月7日，国务院新闻办公室发布《抗击新冠肺炎疫情的中国行动》白皮书。截至2020年12月31日24时，据31个省（自治区、直辖市）和新疆生产建设兵团报告，现有确诊病例370例（其中重症病例9例），累计治愈出院病例82067例，累计死亡病例4634例，累计报告确诊病例87071例，现有疑似病例1例。累计追踪到密切接触者905493人，尚在医学观察的密切接触者13584人。受疫情影响，根据国家统计局统计数据，全年完成国内生产总值1015986亿元，按可比价格计算，比上年增长2.3%。分季度看，一季度同比下降6.8%，二季度增长3.2%，三季度增长4.9%，四季度增长6.5%。分产业看，第一产业增加值77754亿元，比上年增长3.0%；第二产业增加值384255亿元，增长2.6%；第三产业增加值553977亿元，增长2.1%。成为全球唯一在疫情下实现正增长的主要经济体。

2020年，长沙市面对新冠肺炎疫情的严重冲击和错综复杂的国内外宏观经济环境，在市委、市政府的坚强领导下，认真贯彻党的十九届五中全会精神和习近平总书记考察湖南重要讲话精神，统筹推进疫情防控和经济社会发展，扎实做好“六稳”“六保”工作，全市经济社会发展呈现稳中有进、稳中向好的态势。经核算，全年长沙地区生产总值12142.52亿元，比上年增长4.0%。分产业看，第一产业增加值423.46亿元，增长4.0%；第二产业增加值4739.27亿元，增长5.0%；第三产业增加值6979.79亿元，增长3.3%。第一、二、三产业对经济增长的贡献率分别

为2.7%、50.7%和46.6%。第一、二、三产业增加值占地区生产总值的比重分别为3.5%、39.0%和57.5%。

（一）文化与旅游业复工及消费水平实况

长沙以创建国家文化和旅游消费示范城市为抓手，防促并举、统筹联动、项目支撑、品牌引领、活动引爆，引导和扩大文旅消费，进一步丰富产业业态，提升产业品质。2020年年末，全市等级景区开放率为100%、旅游星级饭店复工率88.9%、旅行社复工率72.6%、娱乐演艺场所开业率100%、网吧复工率98%、星级乡村旅游区（点）复工率99.4%，长沙旅游景区复工率在全国35个重点城市中排名第4位。尽管积极应对疫情，但2020年长沙市接待游客总量和旅游总收入仍呈双下降趋势：根据《2020年长沙市国民经济和社会发展统计公报》数据显示：2020年，长沙市年接待国内外旅游者15194.31万人次；旅游总收入1661.32亿元，相对2019年，旅游总收入下降367.65亿元，同比下降18.12%，接待旅游者减少1638.3万人次，同比下降9.73%。国外入境游客数量和收入急剧下跌：全年接待入境旅游人次数为36297万人次，同比下降97.27%，入境旅游收入为1097.52万美元，同比下降98.34%。

（二）长线旅游需求减少，短线旅游成新趋势

长线游消费愿望受限下跌明显，短线游成为旅游首选。长沙市国内旅游过夜游人次数为3098.32万，同比下降5.32%，过夜游收入533.07亿元，同比大幅减少32.55%；一日游游客人次数为12092.36万人次，同比减少9.94%，一日游收入1127.49亿元，同比减少仅5.5%。数据表明，受疫情影响，省内游和跨省游逐步开放的，大多数居民选择短距离旅游，长线旅游受到诸多限制，其中过夜游利润受到较为明显的影响。

二、市内交通建设更全面，旅游运输服务有保障

（一）交通防疫把控全

根据湖南省交通运输厅报道，2020年，长沙市实现交通环节疫情“零报告”。

主要举措有以下五点：一是守好城市大门，在站场枢纽牵头开展“五包一”联防联控，涌现出以“硬汉”鲁力同志为代表的先进典型。同时阻断疫情传播，以超过国家标准的要求，对公交车实行“一趟一消毒”，出租车实行“一趟一客一消毒”，公交设施每天 2 次以上消毒通风。二是确保交通企业紧缺的防疫物资的供应，开展全员核酸检测，确保从业人员疫情“零发生”。三是保障运输畅通，充分发挥“路长制”作用。疫情期间在绝大多数城市停运公共交通的情况下，长沙是保持畅通的 40 个城市之一。四是抓好复工复产，为旅游及相关企业提供定制化服务。交通企业于 2 月底基本复工复产。对出租车“份子钱”予以减半，给公交、出租、道路运输企业给予直接补贴，共计为交通企业争取资金 1.8 亿元。为企业复工提供“点对点、一站式”运输服务、“点到点”通勤班车服务，累计接送人员 2.6 万人次。

（二）交通建设促短线

航空和铁路方面，长沙机场改扩建工程动工；常益长高铁加快推进土建工程，长赣铁路前期工作进展顺利。公路方面，长益高速扩容已于 8 月底通车，宁韶、江杉高速加快建设。国省干线公路通车里程可达到 102 公里，洞株公路快速化改造工程在“三干”中率先建成，绕城高速大托收费站提前投入使用。全年预计完成新改建农村公路 1200 公里，完成提质改造 40 公里，完成安防工程 820.9 公里，实现 25 户及 100 人以上自然村通水泥（沥青）路“组组通”，均超额完成任务。结合后疫情时代的文旅行业特点，长沙交通建设实时贴合了“短线旅游、乡村旅游更为普遍”的事实，为文旅行业的复兴创建了良好前提和保障。

（三）公共交通更完善

长沙市全面启动公交企业改革，并加快组建市公交集团进程，完成了 2072 台公交车的智能化改造。在开通智慧公交 315 线后，相继开通了 3、9 号线，提升了公交通行率，完善驾驶行为监管，保障公交运行安全。同时打好蓝天保卫战，倡导公共交通绿色出行，全市纯电动公交车达 5724 辆，占比 69.6%; 纯电动网约车达 1.1 万台，占 56%; 纯电动巡游出租车投放量达 2119 台，均位居省会城市前列。

（四）交通服务新提升

通过严抓交通安全生产，推进安全生产专项整治三年行动，开展交通问题顽瘴痼疾整治，3189台“两客”车辆和2460台危险货物运输车辆已安装智能监管设备，长沙市“两客一危”车辆违章次数同比下降47.87%。同时完成高铁、普铁、高速公路路域环境整治。2020年12月26日至27日，2020年中国旅游产业发展年会在吉林长春举办，长沙荣获“2020年度中国高铁旅游名城”称号。

三、提升文旅消费品质，注重游客满意度

（一）立项目，促创新

2020年，长沙全市铺排重大文化旅游项目110个，其中投资10亿元以上的特大型文化旅游项目27个。具体表现为：长沙市戏剧艺术中心基本完成年度改造工程；浏阳河文化旅游产业带规划建设取得新进展；智慧文旅项目已完成全部开发工作并初步验收；湘江欢乐城、洋湖水街等重大文旅项目建成开放；3个项目入选“一带一路”文化与旅游产业国际合作重点项目……2020年，长沙在项目建设中筑牢根基，持续促进文旅融合高质量发展，跻身网红城市的顶流行列。根据2020年7月发布的《中国潮经济·2020网红城市百强榜单》显示，长沙的“网红指数”排在第6位。据各大在线平台数据显示，长沙2020年首次跻身酒店预订量全国前十强，同时黄金周铁路客流量排名前十的城市，长沙位居第五，仅次于北上广深。第一财经“新一线城市研究所”发布了《2020城市商业魅力排行榜》，长沙位列新一线城市第10位，已经连续四年稳居前十强了。2020年第一季度长沙GDP总量排名上升到了全国第11位，逆袭成20年来最成功的“黑马”。10月，中国旅游研究院主办“2020中国夜间经济论坛”，其中，长沙位列“2020中国夜间经济二十强城市”第八；长沙五一商圈入选“2020游客喜爱的十大夜商圈”；长沙岳麓山橘子洲旅游区入选“2020游客喜爱的十大夜景区”。“2020中国夜间经济论坛”相关奖项是由文化和旅游部直属专业研究机构中国旅游研究院通过在文化和旅游部重点实验室的旅游数据与监测系统的技术支持下，经过专业的数据监测、分析、处理及模型构建等多维度评测选出，在行业内具有较高权威性。另外，中央广播电视总台财

经频道《中国经济生活大调查》近日重磅揭晓了2019—2020年度“中国十大美好生活城市”榜单——上海、长沙、长春、北京、青岛、昆明、济南、海口、深圳和厦门上榜。这项调查联合了国家统计局、中国邮政集团公司、北京大学国家发展研究院共同推出。指标体系由获得感、幸福感、安全感3个一级指标及21个二级指标构成。调查方式是通过邮递员入户发放问卷和航空公司机上发放问卷，共13万个样本，是截止到2020年底的全球大规模感受型调查。

（二）设示范，拉经济

2020年，为进一步激发文化和旅游消费潜力，长沙开展了文旅消费示范行动，投入600万元评选认定了65个示范项目。评选出了3个夜间文旅消费集聚区、12个文化与旅游产业融合发展示范区、十佳旅游购物示范点、10个夜间经济示范项目、10个网间经济示范项目、10个乡间经济示范项目。马栏山视频文创园成功入选国家文化产业示范创建园区，2020年8月，“青春芒果节 打卡长沙城”第三站活动在马栏山（长沙）视频文创产业园举行。来自《乘风破浪的姐姐》的朱婧汐、许飞两位嘉宾姐姐带领大家喊出了“够燃够辣马栏山，乘风破浪大长沙”的响亮口号。马栏山原本是长沙城市东北郊的一个普通地名，自湖南广电于世纪之交搬迁至此后，这里逐渐成为广电湘军的代名词、粉丝心中的“追星圣地”。2017年，马栏山（长沙）视频文创园正式挂牌成立，成千上万文创产业工作者汇聚于此，开启了“北有中关村，南有马栏山”“中国V谷”等美好愿景的新征程。一边是星光熠熠的明星，一边是声名显赫的园区，打卡活动将两者巧妙地结合在一起，吸引了广大市民游客前来。和前两次打卡活动相比，此次活动氛围尤为热烈。朱婧汐、许飞不仅带来了招牌歌舞《无价之姐》，还大秀沙滩热舞，最后甚至带领现场观众一起“开火车”（指大家手拉手或肩搭肩成圈跑动的盛举）。市民张艺林女士告诉记者：“这种打卡活动一方面能和偶像近距离接触，另一方面又可以感受长沙的文化。我今天感到很开心。”游客易世林先生是许飞的粉丝，他专程从江西赶来参加活动，他告诉记者：“在我心中，长沙是一座音乐之城、美食之都。这次我特地来感受长沙的氛围，这样的活动非常好。”

（三）扣主题，树口碑

2020 年，长沙围绕“山水洲城・快乐之都”这一主题，贡献了强大的文旅消费力量。一方面，长沙于三月在全省率先启动“沁园春——长沙文旅月”活动，随后密集推出“夏之恋・在长沙”文化旅游季、“湖南人游省会 长沙人游长沙”假日文旅消费引导活动、“秋之颂・赏长沙”“冬之约・到长沙”文化旅游季；另一方面，长沙成功举办第八届阳光娱乐节、杜鹃花艺术节、动漫游戏嘉年华等重大品牌节会，以活动不断、好戏连台，助力景区引流、游客回流。其中，12 月 31 日上午，由湖南省文化和旅游厅、长沙市人民政府指导，长沙市委宣传部、市文旅广电局、市公安局、市市场监管局、市文化市场综合执法局等单位联合主办的长沙第八届阳光娱乐节启动式上，发布了本届长沙阳光娱乐节系列活动内容，推介了文旅消费新产品，成立了文旅消费联盟、推出了文旅惠民新政策，进一步搅动市场参与，提升市场活力，促进文化旅游领域经济发展，树立全市文化与旅游产业健康文明形象，共同应对后疫情时代长沙文旅行业的新机遇、新挑战。阳光娱乐节系列活动，是长沙主动对接国家战略、拉动内需刺激消费的有效载体；是赋能经济提质升级、落实文旅惠民战略的有益尝试。本届阳光娱乐节包含第八届阳光娱乐节启动仪式、“文旅联盟惠万家”长沙市文化旅游联盟秋冬消费季、“镜像文旅・大美长沙”第八届阳光娱乐节摄影大赛暨“大美长沙”图片展、长沙文化旅游市场转型升级创新发展研讨会暨第八届阳光娱乐节闭幕式等主题活动，市民及游客可根据自身喜好分别参与。系列主题活动将极大丰富文化旅游产品，充分发挥文化旅游业在巩固扩大疫情防控和经济恢复成果方面的积极作用，进一步激发文化旅游市场内生动力，扩大文化旅游消费，提升长沙城市经济活力、消费吸引力和城市美誉度。

四、文旅紧密结合，实现共同发展

（一）红色文化旅游资源备受青睐

长沙是湖南省会，被称为“革命摇篮、领袖故里”，共有 93 处红色旅游资源，品质优良。其中伟人足迹 26 处，名人故居 22 处，工农革命热土 26 处，革命烈士纪念地 19 处。长沙做好两篇文章，一是抓红色旅游建设。7 月，2020 年湖南省十大特色文旅小镇授牌仪式在长沙举行，长沙县开慧镇入选，这是继去年浏阳文家市镇入选后，长沙再添省级红色文旅小镇。长沙红色旅游发展势头强劲，通过加强红色旅游资源与周边资源的串联整合，形成了6条红色旅游线路：以岳麓山、湖南第一师范、清水塘、船山学社、新民学会旧址、橘子洲、湘江、杨开慧故居为重点的“情怀体验”之旅；以回龙山、何叔衡故居、谢觉哉故居、沩山密印寺、青羊湖风景区为重点的毛泽东社会调查历程为内容的“社会调查”之旅；以秋收起义上坪会议旧址、胡耀邦故居、中国花炮博物馆为重点的“工农革命”之旅；以袁隆平杂交水稻科技游、徐特立故居、许光达故居、田汉故居、黄兴故居等为重点的“现代农韵”之旅；以长沙浏阳河风光带、王震故居、王首道故居、中共湘鄂赣省第一次党代会旧址、浏阳河漂流、浏阳大围山为重点的“浏阳名河”之旅；以雷锋故居、花明楼刘少奇故里、灰汤温泉为重点的“修身养性”之旅。二是充分利用媒体艺术，讲好红色故事，推动文旅发展。创作了《半条红军被》《拜年》《最美逆行者》等精品力作。2020年11月，在决战脱贫攻坚、决胜全面小康的关键时刻，为期三天的红色旅游博览会展览在长沙举办，并设立长沙浏阳、郴州汝城、岳阳平江、株洲茶陵等分会场，全方位展示24个省（市区）红色旅游产业发展和脱贫攻坚、乡村振兴等成果，共享红色旅游发展新经验、新模式，唱响了“红色土地全面小康”最强音。红博会展览，以时间为轴、空间为面，将有代表性的红色历史事件和24省市红色旅游景点串联，通过微缩景观、图文介绍和各种声光电手段展示，带领观众重走这片镌刻着红色记忆的土地，重温伟大的中国革命历史。红色旅游博览会吸引超千万人次参与，成交金额达8200余万元，彰显了革命圣城的红色基因。这是长沙以新业态带来场景迭代，让消费市场“旺”起来，以新科技实现场景赋能，让消费人气“聚”起来，以新内涵促进场景提质，让消费品牌“靓”起来，以新融合激发场景活力，让消费氛围“嗨”起来的重大举措，有力促进了红色旅游新繁荣。

（二）文旅融合示范点建设紧密推进

自2017年成为全国首批六个国家公共文化服务标准化示范地区之一以来，长沙加强公共文化服务标准化建设，欲建设成30个公共文化机构文旅融合一体化示范点。依托公共文化机构阵地，在完善文化设施基础上，采取改扩建或新建的办法，优化功能布局，增设旅游咨询服务，全新打造成的主客共享新型文旅空间，实现了多种文旅服务的打包整合：既是公共文化服务中心，又是新时代文明实践所，还是文创产品展示中心，更是旅游咨询服务中心。

例如，洋湖街道白鹭府社区综合文化服务中心有一个更文艺的名字——岳麓文旅洋湖驿站，其通过整合岳麓优质文旅资源，完善设施、功能和服务，开发个性化的旅游线路和产品，提供公共交通和信息咨询服务，在提升“网红打卡地”人气的同时，也把自身打造成了岳麓文旅融合的美学样板。

长沙县福临镇文化站围绕“陈树湘”和“影珠山”这两张名片，坚持“有效的市场和有为的政府理念”，以入围国家级“文化和旅游融合”试点单位为契机，对文化站进行升级改造，打造了“福临驿站”。并通过“政府搭台 + 公司运营”的模式，引入本地文化和旅游企业湖南福影旅游管理有限责任公司入驻驿站，负责全镇旅游资源的整合、包装、策划，发挥旅游集散中心和综合服务的功能。通过“驿站”这个小平台，实现了将各种分散的资源的整合统筹和利用。如整合文化站、树湘广场、树湘故居等阵地，优化旅游线路；与开慧、金井、青山铺等县内其他红色资源实现互联互通，形成规模效应；整合镇内餐饮住宿门店和特色农产品企业，实现一条龙的服务。目前“驿站”已与20家餐饮住宿门店、10余家农业企业、多家景点达成合作协议。“驿站”作为全镇旅游服务的“前台”，还开发出个性化的旅游线路和产品，提供“菜单式”服务。如今，各企事业单位只要拨打电话驿站电话，将日期、团队人数、特殊需求告诉工作人员，工作人员便会根据团队实际情况制定旅游路线、安排车辆、食宿和讲解员等，各单位只需按时出发即可。不仅如此，福临驿站还推出了7条红色旅游路线，供散客和团队自行选择，助推全域旅游。

五、“内外兼修”为星城，跨区共赢新动能

（一）增轨外循环，加强国际合作

国际方面，2020年，长沙努力把自己主动融入国内国际双循环，为星城文旅注入新动能。加入“澜湄旅游合作联盟城市”，加强与东亚文都城市文明互鉴；与全球四大主流社交媒体及英国旅游网站合作，向25个国家进行推广，平台浏览总

人数近 128 万人次。

（二）做强内循环，实现跨区共赢

国内方面，举办“长沙的美 百里挑一”线下影展活动；推出“与其仰望，不如到来”等三个系列宣传片，在湖南省各地市州主流媒体滚动播放；赴京津冀、长三角、中三角、成渝、粤港澳大湾区、东北三省等六大板块核心城市开展“韵味长沙”推介活动。10 月 22 日上午，“山水洲城 • 快乐之都”2020“韵味长沙”文化旅游（上海）推介会举行，以“韵味长沙”为主题进行全方位展示和推介，为上海游客献上了丰富的文旅视听盛宴。长沪两地，一江相连，渊源深厚，联系紧密，文旅领域合作空间和潜力巨大。推介会现场，长沙市旅行社协会与上海市旅游行业协会旅行社分会签订了送客协议，将为深化两地文旅合作催生更多的新机遇、新未来。上海市文化和旅游局推广中心主任李平，长沙市文化旅游广电局局长郭润葵、副局长余岚，长沙区县（市）文旅部门负责人、沪长文旅企业和媒体代表等近两百人参加推介会。据携程大数据统计，上海成为 2020 年“国庆最爱去长沙 top5”外地游客来源地之一。

综上所述，2020 年度，长沙市文化与旅游业在疫情肆虐的艰难情况下，长沙市政府深入贯彻落实习近平总书记指示精神，统筹疫情防控与文化与旅游市场秩序恢复，通过采取多种应对办法，如建立重点帮扶企业名单，加强旅游市场宣传推广，加强文化与旅游活动引导力度，加大财政支持力度，减轻企业税费负担，降低企业租金成本，加大信贷支持力度，争取上级资金项目支持，支持文旅企业提质升级和产品创新，支持等级品牌创建，以及完善市内交通，提升旅游运输服务保障等十三项硬核措施，帮助文旅企业提高文化与旅游消费品质和游客满意度，进一步开发新的旅游资源，实现媒体艺术的多样融合等等，有效降低了新型冠状病毒肺炎疫情造成的影响，促进了全市文化与旅游经济平稳运行，控制了旅游业的断崖式下跌，全年接待国内外旅游者 15194.31 万人次；完成旅游总收入 1661.32 亿元，相对 2019 年，仅同比下降 18.12%，并在文化与旅游复苏过程中，出现了四个明显特点：一是红色游、乡村游、文化游兴起，如红色旅游成为一些特定节假日旅游市场的亮点；假日旅游消费的主要去向由过去的海外和聚集国内旅游热点城市或景点改变为更为宽松的乡村游和都市休闲游。二是游客对旅游出行方式和目的地的配套要求有了新的偏好，如更喜欢和家人假日一起自驾出游；对目的地基础服务设施更加看重等。三是疫情条件下，利用移动互联网宣传、定制旅游线路的需求大量增加，尤其短视频行业的快速发展，游客的行为与体验认知悄然发生了改变。数字技术的应用，不断拓展游客的体验内容、体验方式、体验质量，改变游客的行为与体验认知，使得多样化个性化的旅游需求继续发展，游客对成为沉浸式和交互式的体验更加青睐。同时数字化也成为推动文化与旅游融合发展和深化供给侧结构性改革重要抓手。如通过采取“政府 + 企业”组团宣传推广模式，运用新媒体、自媒体在市内高铁、机场、地铁、公交和岳麓山、橘子洲、大王山旅游度假区、月亮岛、梅溪湖文化艺术中心等热门景区以及国内主要客源地城市推广以“沁园春·长沙”为品牌、“山水洲城·快乐之都”城市文化与旅游形象和旅游产品；旅行社更加注重新媒体传播，旅游业务边界扩大等。四是疫情下，游客对旅行社有了新要求，如在旅游资源的整合上、服务标准提升上，贴近用户需求上，使得旅行社在保持品牌的长效吸引力上带来了新的挑战，同时也为旅行社的生存和发展带来了新的机遇，从而不断推动文化与旅游企业围绕高质量发展，大力进行产品改造和服务升级，不断推出精品旅游线路，大力开发红色旅游、生态旅游、科技旅游、文化演艺等“旅游 +”、“文化 +”新产品、新业态。

第二节　长沙市文化重点行业发展概况

2020 年长沙市文化业交出了颇为亮眼的成绩单，成功获评全国首批文化和旅游消费示范城市，创建经验被文化和旅游部《工作交流》《中国旅游报》以及省政府《政务要情与交流》特刊全文推介；长沙入选全国十大最受欢迎出游目的地城市、全国夜间旅游热门城市、中国高铁旅游名城，跻身全国网红城 8 强；成功举办了 2020 中国红色旅游博览会、长沙交响乐团改革发展汇报音乐会等重大活动，受到各级领导及社会各界的高度好评；望城获评国家全域旅游示范区；长沙市博物馆、胡耀邦同志纪念馆获批为国家一级博物馆；民族歌剧《半条红军被》获文化和旅游部“中国民族歌剧传承发展工程”七部重点扶持剧目之一和“庆祝建党 100 周年”百年百部重点创作剧目；中央电视台、人民日报、文化和旅游部刊物等国家级平台 60 余次对长沙文旅工作进行宣传推介。长沙文化重点行业发展情况如下：

一、文艺繁荣再上新阶，惠及民生

（一）演艺机构显“底气”

截止 2020 年底，长沙共有艺术表演团体机构数 24 个，较上年增加 8 个；艺术表演场馆机构数 16 个，其中公有制艺术表演场馆机构数 3 个，从业人员 595 人，总收入 13758 万元。

（二）精品剧目铸“名气”

围绕全面建成小康社会、建党 100 周年、抗击疫情等主题，创作了《半条红军被》《拜年》《最美逆行者》等精品力作，22 个项目入围国家艺术基金。民族歌剧《半条红军被》获文化和旅游部“中国民族歌剧传承发展工程”七部重点扶持剧目之一和“庆祝建党 100 周年”百年百部重点创作剧目；重点剧目湘剧《国歌时候》、花鼓戏《瓜子红》完成首演。优秀抗疫歌曲《守望汉江》在学习强国总平台推介。花鼓小戏《存款风波》入选文化和旅游部“百年百项”小型作品创作计划。《耀邦回乡》《田老大》两部作品获全省“五个一”工程奖。

（三）演艺惠民接“地气”

成功举办国际音乐艺术季、长沙音乐厅五周年音乐艺术季等重大活动，岳麓山青年戏剧节被中央电视台专题报道3分钟。长沙市歌舞剧院、长沙市湘剧保护传承中心、长沙市花鼓戏保护传承中心长沙交响乐团等市县文艺院团完成“送戏下乡”惠民演出1248场，超额完成目标任务。长沙音乐厅全年演出活动场次241场。长沙美术馆正式挂牌并举办开馆展。长沙艺术研究院艺术讲座惠及三十万名群众。2020年11月28日至12月31日，由中共长沙市委宣传部、长沙市文化旅游广电局主办，以“创新领潮流 艺术惠万家”为主题，为期一个月的杜鹃花艺术节在长沙举行，陆续推出开幕式、“艺韵长沙”专业文艺院团展演、“戏韵长沙”戏曲院团经典传统剧目展演、“青春长沙”2020年长沙市“杜鹃花奖”青年戏剧大赛暨杜鹃花人才工程验收展演、“人文长沙”系列高雅艺术普及讲座、“水墨长沙”系列艺术展览活动、“和鸣长沙”群文艺术团队系列演出、“创意长沙”长沙首届岳麓山青年戏剧节、“雅韵长沙”高端剧场精品演出活动、闭幕式等十大主体活动，包括各类文艺演出78场、主题艺术展览5个、高雅艺术讲座5场，涵盖音乐、戏剧、美术等艺术门类，市直剧团、区县（市）剧团、民办公助长沙人艺团、部分群众文艺团队、市内大型美术场馆、音乐厅、大剧院等艺术单位全面参与，集中展示2020年度长沙市艺术工作成果，全面满足群众欣赏高雅艺术的文化需求，掀起岁末年初文艺惠民高潮。

（四）改革创新有“朝气”

高水平推动省市共建长沙交响乐团，圆满完成第二届城市交响乐团长沙峰会、新年音乐会、红色交响音乐会、纪念贝多芬诞辰250周年系列音乐会、省会大学生交响音乐周等重大活动，杜家毫、许达哲等省领导名次现场观看。全面实施杜鹏花人才工程，一批秀青年艺术人才脱颖而出。

二、公共文化服务体系扩大，效能增强

（一）基层为重点，完善公共文化设施

2020年，长沙以基层为重点，完善公共文化设施，成功创建首批国家文公共文化服务示范区、国家公共文化服务标准化试点城市和示范地区，是全省唯一的文化小康100%的城市。截止到2020年底建有公共图书馆10个，与去年持平。人均拥有公共图书馆藏量1.21册，比上年增加0.58册。平均每万人公共图书馆建筑面积124.68平方米，比上年增加26.68平方米；群众文化机构1745个，其中文化馆10个，乡镇（街道）文化站170个，村（社区）文化服务中心1565个，全市所有乡镇（街道）、村（社区）均建有综合文化服务中心。平均每万人群众文化机构建筑面积260.96平方米。

表1　2020年长沙市图书馆主要指标[①]

地区	机构数（个）		人均拥有公共图书馆藏量（册）		平均每万人公共图书馆建筑面积（平方米）	
	2019年	2020年	2019年	2020年	2019年	2020年
湖南省	141	143	0.52	0.59	77.10	92.04
长沙市	10	10	0.63	1.21	98.00	124.68

（二）以需求为导向，提升公共服务效能

群众文化机构开展文艺活动3144次，文化服务惠及208万人次，全市170个乡镇（街道）文化站、1565个村（社区）文化服务中心全部实行免费开放，年服务群众超2000万人次。全年开设百姓大讲堂、公益培训班抖音直播课等培训班114个，开展阅读活动4163场。浏阳获评全国书香城市。长沙县文化馆被评为第八届全国服务农民、服务基层文化建设先进集体。浏阳市图书馆、长沙县福临镇综合文化站入选全国文化和旅游公共服务机构功能融合试点单位。2020第六届“百姓

① 数据来源于《2020年湖南省文化和旅游统计年鉴》。

大舞台·有艺你就来”群众文艺团队展演活动在长沙实验剧场精彩上演，来自全市的优秀群文团体为观众送上了16个精彩节目。“百姓大舞台·有艺你就来”千团万户百万市民才艺大赛是长沙市自主打造的群众文化品牌活动，自2015年开办以来，每一届都受到群众文艺团队欢迎和喜爱，成为全市群文爱好者以“艺”会友、展示风采的重要平台。据了解，长沙有群众文艺团队近万支，其中登记注册的达2000支。这一届活动，有近千支团队，数百作品参与选拔，其中44支团队、44个节目成功入围“百姓大舞台·有艺你就来”群众文艺团队大赛。经持续三天的比赛活动和为期一周的线上活动展播，最终选出的16个节目进入展演。展演过程中，有266多万观众在线观看演出活动并为心仪的团队节目投票。

（三）以共享为目标，丰富群众文化生活

实施数字文旅“云游”计划，推出抗疫作品458件，37件作品获评优秀；开展“云游长沙”、云直播等活动500多个，推出“在线艺术课堂”，线上服务达435万人次。线下策划实施了长沙群众文艺轻骑队走基层、“百姓大舞台·有艺你就来”等活动。滨江文化园入园人数超352万人。市电影发行放映中心、银宫影剧院完成公益电影放映任务6368场。

三、文化产业稳中有进，做强做优

2020年，得益于新冠肺炎疫情的有效控制和市委、市政府复工复产各项举措的落地见效，全市文化产业呈“低开高走”态势。

（一）发展态势整体逐渐向好

2020年全市规模以上文化及相关产业企业（以下简称规模以上文化企业）实现营业收入1588.9亿元，同比增长1.8%，为2020年以来的首次正增长。分季度看，全年规模以上文化企业营业收入增速呈逐季向好态势，第一季度至第四季度全市规模以上文化企业营业收入累计增幅分别为-3.4%、-2.1%、0.1%和1.8%。从占全省比重看，全市规模以上文化企业数占全省的30.6%，营业收入占全省的46.8%。

（二）集聚程度和规模效应不断提升

文化产业园区建设稳步推进，马栏山视频文创产业园、天心文化（广告）产业园等一批国家级文化产业园区（基地）建设取得重要进展。马栏山视频文创园成功入选国家文化产业示范创建园区，该园区已汇聚4家主板上市公司、云集各类文创企业3000余家。2020年8月，“青春芒果节 打卡长沙城”第三站活动在马栏山（长沙）视频文创产业园举行。截止到12月15日，天心文化广告产业园共有企业851家，其中上市挂牌企业6家，规模以上服务企业42家，高新技术企业27家，产值过亿企业9家。天心区文化广告产业园42家规上企业预计全年累计营业收入超25亿元。2020年，长沙在产业集聚中锻造文旅品牌，不断提升长沙文旅消费品质。

（三）开启红色文化数字呈现工程

红色经典影片《雷锋》数字修复后“彩色”亮相；湖南卫视出品的《舞蹈风暴》，获《人民日报》两次点赞；中广天择公司制作的《守护解放西 2》火爆全网；银河酷娱参与制作的《特赦 1959》获得第32届中国电视剧飞天奖优秀电视剧奖。

（四）湖湘文化“走出去”步伐加快

湖南广播影视集团、湖南出版投资控股集团、湖南体育产业集团等积极拓展国际市场，“走出去”的覆盖面和影响力进一步提升。长沙市连续4年举办“一带一路”青年创意与遗产论坛暨长沙媒体艺术节，论坛成果《长沙倡议》成为联合国教科文组织永久性文件，并被联合国教科文组织授予世界“媒体艺术之都”称号。

四、文物保护阔步前行，影响深远

（一）配齐文物机构设施队伍

截至2020年底，文物机构数共28个，其中博物馆机构数15个，文物保护管理机构数6个，其他文物机构7个。从业人员共966人，其中博物馆从业人员759个，文物保护管理机构从业人员82个，其他文物机构从业人员125个。文物机构藏品数共169318件/套，其中博物馆文物藏品数162696件/套，文物保护管理机构藏品数1875件/套，文物科研机构藏品数3014件/套，文物行政部门藏品数1733件/套。此外，博物馆基本陈列24个，临时陈列47个，年参观人次达700万人次，资产总计达到64260万元，实际房屋建筑面积为13.8万平方米。

表2　2020年长沙市文物机构主要指标[①]

	机构数（个）	从业人员（个）	藏品数（件/套）
其他文物机构	7	125	4747
博物馆	15	759	162696
文物保护机构	6	82	1875
总计	28	966	169318

表3　2020年长沙市博物馆主要指标[②]

地区	机构数（个）	从业人员（个）	藏品数（件/套）	基本陈列（个）	临时展览（个）	参观人次（万次）	资产总计（万元）	实际房屋建筑面积(万平方米)
湖南省	122	3245	648179	279	237	3394	407839	74.98
长沙市	28	966	169318	24	47	700	64260	13.80

（二）挖掘历史名城的古色底蕴

建设“博物馆之城”，长沙市博物馆联盟正式成立。全市36家文博单位参观人数超1000万人次，开展活动1100余场。长沙市博物馆推出全市首个大型国际文物展《丝路宝藏》，《粟特人在大唐》获国家文物局主题展览推介项目。简牍博物馆《湘水流过》展获“湖南省博物馆十大精品陈列”。宁乡罗家冲遗址获得

① 数据来源于《2020年湖南省文化和旅游统计年鉴》。
② 数据来源于《2020年湖南省文化和旅游统计年鉴》。

十三五湖南省十大考古新发现。全市 24 个项目被评为湖南文物保护利用创新发展百佳案例。实施了炭河里青铜器出土地点、铜官窑陈家坪遗址、长沙国王陵桃花岭墓园二期环境整治等重要工程。完善了贾谊故居二期工程概念性规划编制。建成了炭河里考古工作站。完成了 9 处文物保护单位修缮。全年调查与勘探面积分别达 793 万平方米、190 万平方米。

（三）彰显革命圣城的红色基因

制定了革命文物保护利用工作导则,完成了全市 260 处革命文物调查登录工作。湘赣边红色文化旅游融合发展创新区正式揭牌。近现代文物保护中心开展了李富春同志诞辰 120 周年纪念活动。成功承办中国红色旅游博览会，展览吸引了 1200 余家企业参展，现场交易额 8200 万元，超 3 万名群众参观。文化和旅游部领导表示“此次展会全面提升了中国红色旅游博览会水准”；杜家毫、许达哲等省领导出席多场活动并给予高度评价；郑建新市长代表中国红色旅游推广联盟发布《长沙宣言》。

（四）书写非遗传承的特色文章

评选认定第四批市级非遗代表性传承人 52 名。1 个项目被认定为国家级非遗代表性项目。精心策划了“越老越有味”非遗老手艺·百年老字号·长沙老街巷活动，发放 50 万元消费券,抖音播放量达 14 亿人次。长沙非遗馆与芒果影业合作拍摄《非遗潮起来》，创湖南省之先引入少儿非遗节目公益演出。

第三节　长沙市旅行社行业发展概况

一、行业损失惨重，复苏信心十足

（一）疫情影响严重，行业损失惨重

2020年1月24日文化和旅游部办公厅下发《关于全力做好新型冠状病毒感染的肺炎疫情防控工作暂停旅游企业经营活动的紧急通知》文旅发电〔2020〕29号，该通知要求：一是即日起全国旅行社及在线旅游企业暂停经营团队旅游及“机票+酒店”产品。二是已出行的旅游团队可按合同约定继续完成行程。行程中，密切关注游客身体状况，做好健康防护。从此刻开始，旅行社行业进入寒冬。根据文化和旅游部发布的文化和旅游发展统计公报显示，2020年全年国内旅游人次28.79亿，比2019年下降了53.2%。全国旅行社统计调查报告显示2020年度全国旅行社营业收入2389.69亿元，营业成本2280.86亿元，营业利润-69.15亿元，利润总额-71.77亿元。在此背景下，长沙市旅游行业遭受重创，旅游收入和旅游人次数均同比呈现下滑趋势，尤其是入境旅游下滑比率达到97%以上。

表4　2020年度全国旅行社基本经营情况表[①]

指标名称	代码	计量单位	数额
甲	乙	丙	1
一、从业人员	10	人	322,497
其中：大专以上学历人数	11	人	220,311
签订劳动合同的导游人数	12	人	108,803

[①] 数据来源于《2020湖南省文化和旅游统计年鉴》。

续表

指标名称	代码	计量单位	数额
甲	乙	丙	1
二、资产总计	13	千元	199,245,788
负债总结	14	千元	160,329,365
所有权益者总计	15	千元	38,916,423
三、损益	16	—	—
1. 营业收入	17	千元	238,968,752
其中：国内旅游营业收入	18	千元	119,448,586
入境旅游营业收入	19	千元	1,616,418
出境旅游营业收入	20	千元	16,391,082
2. 营业成本	21	千元	228,065,626
其中：养老、医疗、失业等各种社会保险费	22	千元	1,286,416
3. 营业利润	23	千元	−6,914,614
其中：国内旅游营业利润	24	千元	264,630
入境旅游营业利润	25	千元	5,199
出境旅游营业利润	26	千元	57,231
4. 营业外收入	27	千元	2,247,707
其中：政府补贴	28	千元	1,043,536
5. 利润总额	29	千元	−7,177,257

续表

指标名称	代码	计量单位	数额
甲	乙	丙	1
四、工资、福利金、税金	—	—	—
本年发放工资总额	30	千元	14,369,924
本年支付的职工福利费	31	千元	447,408
本年应交税总金额	32	千元	1,276,980
五、分支机构	33	—	—
门店数量	34	个	68,019
分社数量	35	个	11,957
子公司数量	36	个	2,292

表5　2020年度长沙旅游数据统计表[①]

指标名称	单位	数额	同比
1. 接待国内外游客总人数	万人次	15194.31	-9.73%
2. 旅游总收入	亿元	1661.32	-18.12%
3. 国内旅游人次数合计	人次数	15190.68	-9.04%
其中过夜游客人次数	人次数	3098.32	-5.32%
其中一日游游客人次数	人次数	12092.36	-9.94%
4. 国内旅游收入合计	亿元	1660.56	-16.28%
其中过夜游收入	亿元	533.07	-32.55%

① 数据来源于《2020年湖南省文化和旅游统计年鉴》

续表

指标名称	单位	数额	同比
其中一日游收入	亿元	1127.49	-5.50%
5. 接待入境游客人次数	人次	36297.00	-97.27%
6. 接待入境游客人天数	人天	79552.00	-97.58%
7. 入境旅游（外汇）收入	万美元	1097.52	-98.34%

（二）旅行社总收入下滑，旅行社企业维稳难

《2020 年长沙市国民经济和社会发展统计公报》和湖南省文化和旅游厅数据显示：长沙市全年接待国内外旅游者 15194.31 万人次；旅游总收入 1661.32 亿元。2019 年数据则显示：长沙市全年接待国内外旅游者 16832.61 万人次，比上年增长 12.4%；旅游总收入 2028.97 亿元，增长 12.2%。对比 2019 年数据，2020 年疫情发生后，长沙旅游总收入下降 367.65 亿元，同比下降 18.12%，接待旅游者减少 1638.3 万人次，同比下降 9.73%，旅行社的生存状况尤其艰难。这种影响主要体现在三个方面：一是新冠肺炎疫情抑制了高消费的会展旅游、文化旅游、节庆旅游等旅游产品的需求，对旅游业的利润带来负面影响。二是新冠肺炎疫情抑制了传统的旅游旺季（如春节、五一等节假日期间）的需求和消费。旅行社在经营上呈现明显的淡旺季，传统节假日是旅行社行业现金流和人流量最大利润最丰厚的时候，是旅行社企业的营业高峰期。旅游企业大都是小微企业，抗风险能力弱，在旺季被抑制，几个月生意惨淡经营的情况下，许多企业都出现了严重的现金流问题。三是新冠肺炎疫情冲击了旅行社的内部管理和企业稳定。首先由于疫情影响，大量的订单遭到了退订，这不仅影响了旅行社的现金流，而且还给旅行社带来了很多的旅游合同纠纷，给员工带来巨大但是没有收益的工作，影响企业内部管理。同时，由于旅行社业务量锐减，员工损失较大，造成了大量的员工流失以及打击了员工的工作积极性，旅行社企业稳定性较差。

表6　2020年湖南各地区旅游总收入和总人数统计[①]

地区	接待国内外旅游客总人数		旅游总收入	
	1至12月累计		1至12月累计	
	万人次	同比（%）	亿元	同比（%）
湖南省	69336.07	−16.62	8261.95	−15.43
长沙市	15194.31	−9.73	1661.32	−18.12
株洲市	5935.21	−8.21	578.06	−9.42
湘潭市	5800.24	−17.55	532.22	−17.82
衡阳市	6479.77	−15.76	573.26	−15.68
邵阳市	4300.74	−23.43	421.37	−19.24
岳阳市	5792.07	−15.57	579.31	−12.90
常德市	5482.49	−9.78	479.53	−7.99
张家界市	4949.21	−26.37	568.95	−31.53
益阳市	3735.45	−13.12	341.76	−10.95
郴州市	6899.70	−13.82	634.10	−19.60
永州市	5943.59	−6.10	519.49	−4.16
怀化市	5847.69	−12.98	471.09	−12.47
娄底市	4771.10	−9.83	424.59	−6.18
湘西州	5534.25	−3.70	476.89	−10.02

（三）国内旅游有序开放，旅游人数和收入下滑

根据《2019年长沙市国民经济和社会发展统计公报》，长沙市2019年接待国内旅游者16699.63万人次，增长12.5%；国内旅游收入1983.41亿元，增长12.1%。2020年长沙市接待国内旅游人次数为15190.68万人次，同比下降9.04%，国内旅游收入1660.58亿元，同比下降16.28%。得力于政府大力管控和动态清零政策，国内疫情得到控制，国内旅游有序开放，但是疫情之后消费观念的转变以

① 数据来源于《2020年湖南省文化和旅游统计年鉴》。

及零星冒头的疫情带来的风险仍然影响了国民出游的积极性，国内旅游人数和旅游收入呈现下降趋势。

表 7　2020 年湖南省接待国内旅游人数统计表[①]

地区	国内旅游人次数合计		过夜游客人数		一日游客人次数	
	1 至 12 月累计（万人次）		1 至 12 月累计（万人次）		1 至 12 月累计（万人次）	
	人次数	同比（%）	人次数	同比（%）	人次数	同比（%）
湖南省	69319.03	−16.17	16185.01	−22.30	53134	−14.10
长沙市	15190.68	−9.04	3098.32	−5.32	12092.36	−9.94
株洲市	5934.30	−8.14	1268.17	−19.90	4666.13	−4.32
湘潭市	5799.59	−17.37	1263.79	−24.03	4535.80	−15.00
衡阳市	6479.11	−15.68	1316.87	−16.34	5162.24	−15.51
邵阳市	4300.49	−23.32	1015.53	−23.60	3284.97	−23.24
岳阳市	5790.08	−15.08	1381.49	−27.21	4408.59	−10.40
常德市	5481.89	−9.55	1253.73	−15.37	4228.59	−7.66
张家界市	4936.11	−24.88	1127.24	−37.02	4228.16	−20.35
益阳市	3735.20	−13.05	1071.82	−16.06	3818.87	−11.78
郴州市	6897.25	−13.26	1470.42	−24.98	2663.38	−9.42
永州市	5943.38	−6.04	1565.66	−7.12	5426.83	−5.65
怀化市	5847.35	−12.89	1513.82	−25.59	4377.72	−7.36
娄底市	4769.77	−9.76	1228.82	−12.14	3540.95	−8.91
湘西州	5533.57	−3.32	1655.57	−19.21	3877.99	5.55

（四）过夜游和长线游需求受到抑制，旅行社利润空间压缩

长沙市国内旅游过夜游人次数为 3098.32 万，同比下降 5.32%，过夜游收入 533.07 亿元，同比下滑 32.55%，一日游游客人次数为 12092.36 万人次，同比下滑

① 数据来源于《2020 年湖南省文化和旅游统计年鉴》。

9.94%，一日游收入1127.49亿元，同比下滑5.5%。市民减少了不必要的出行。受到疫情影响，省内游和跨省游是逐步开放的，大多数居民选择短距离旅游，长线旅游受到诸多限制，过夜游利润受到较为明显的影响，进一步压低了旅行社行业的利润空间。

表8　2020年湖南省国内旅游收入统计表[①]

地区	国内旅游收入合计		过夜游收入		一日游收入	
	1至12月累计（亿元）		1至12月累计（亿元）		1至12月累计（亿元）	
	金额	同比（%）	金额	同比（%）	金额	同比（%）
湖南省	8258.42	−14.09	3053.41	−24.05	5205.01	−6.94
长沙市	1660.56	−16.28	533.07	−32.55	1127.49	−5.50
株洲市	577.91	−9.24	213.50	−20.76	364.42	−0.79
湘潭市	532.09	−17.38	184.40	−22.96	347.69	−14.08
衡阳市	573.19	−15.49	187.53	−21.02	385.66	−12.51
邵阳市	421.34	−19.05	166.47	−18.73	254.86	−19.26
岳阳市	578.74	−11.41	220.34	−22.92	358.40	−2.45
常德市	479.42	−7.14	191.02	−18.09	288.40	1.88
张家界市	568.15	−26.28	237.46	−38.88	330.70	−13.46
益阳市	341.73	−10.78	146.07	−14.59	195.66	−7.70
郴州市	633.56	−17.86	219.51	−25.58	414.05	−13.08
永州市	519.46	−4.02	209.08	−7.59	310.38	−1.46
怀化市	471.06	−12.29	157.70	−21.28	313.36	−6.94
娄底市	424.43	−6.02	185.23	−10.83	239.20	−1.92
湘西州	476.78	−9.35	202.04	−25.37	274.74	7.64

（五）国际旅游业务陷入停摆，旅行社主要利润来源截断

根据《2019年长沙市国民经济和社会发展统计公报》，长沙市接待入境旅游者

① 数据来源于《2020年湖南省文化和旅游统计年鉴》。

132.98 万人次，较上年增长 2.0%；入境旅游收入 65931.95 万美元，较上年增长 6.4%。2020 年长沙市接待入境旅游人次数为 36297 万人次，同比下降 97.27%，入境旅游收入为 1097.52 万美元，同比下降 98.34%。可以看出，2020 年旅行社行业损失最惨重的集中在入境旅游，营业收入和接待人数呈现断崖式下滑，在 98% 左右，国际旅游几乎陷入停摆，出境旅游业务也遭受毁灭性的打击，旅行社的主要利润来源几乎截断，行业十分惨淡。

表 9　2020 年湖南省各地区接待入境游客情况表[①]

地区	接待入境游客人数		接待入境游客人天数		入境旅游（外汇）收入	
	1 至 12 月累计		1 至 12 月累计		1 至 12 月累计	
	人次	同比 ±%	人天	同比 ±%	万美元	同比 ±%
湖南省	170404	−39.35	374064	−95.56	5116.65	−97.73
长沙市	36297	−97.27	79552	−97.58	1097.52	−98.34
株洲市	9130	−84.79	15720	−85.30	220.76	−89.50
湘潭市	6488	−95.85	13715	−95.18	188.53	−96.41
衡阳市	6570	−92.46	9534	−92.14	113.92	−94.95
邵阳市	2487	−96.93	3995	−95.89	45.74	−97.52
岳阳市	19880	−95.33	59486	−93.76	826.7	−95.17
常德市	5972	−96.32	11944	−96.45	159.69	−97.72
张家界市	30930	−97.74	78974	−97.89	1154.10	−98.68
益阳市	2411	−93.65	3504	−94.08	44.47	−96.14
郴州市	24489	−95.54	65674	−95.32	788.04	−96.88
永州市	2148	−95.14	2750	−95.60	43.78	−96.30
怀化市	3422	−95.54	3786	−95.79	44.69	−97.32
娄底市	13350	−74.18	17590	−74.00	238.55	−82.67
湘西州	6830	−97.11	7840	−97.17	152.16	−97.40

① 数据来源于《2020 年湖南省文化和旅游统计年鉴》。

（六）行业复工复产率高，复苏信心十足

根据2020年12月24日下午举行的长沙市文化旅游产业工作会议报告，长沙市1至11月实现全市实现旅游收入1405.72亿元，接待旅游人数13002.33万人次，分别达到去年水平的76.91%、86.81%。长沙以创建国家文化和旅游消费示范城市为抓手，引导和扩大文旅消费，进一步丰富产业业态，提升产业品质。截止到2020年12月底，全市等级景区开放率为100%、旅游星级饭店复工率88.9%、旅行社复工率72.6%、娱乐演艺场所开业率100%、网吧复工率98%、星级乡村旅游区（点）复工率99.4%，长沙旅游景区复工率在全国35个重点城市中排名第4位。由此可以看出，长沙旅游行业复工率较高，行业信心十足。从长沙市文旅局获悉，2020年长沙市共计旅行社471家，可以看出在疫情影响之下，旅行社企业数量仍然保持着11%的新增，资本仍然青睐旅游行业，对行业复苏有较好信心。

二、疫情催生问题爆发，旅行社行业转型升级势在必行

（一）业务结构的根本性改变引发行业危机

疫情之前的2019年旅行社组织的出境旅游占中国公民出境人次的40.57%，出境旅游营业收入占全国旅行社旅游业务营业收入总量的41.54%，出境业务是旅行社的主要业务板块。出境游的停滞，让长沙市大部分旅行社遭遇史上最严重的危机。跨境游停摆，对旅行社行业整体业务影响巨大。单靠国内游业务很难支撑整个旅行社的营收体系，国内长线业务受旅游信心和疫情局部复发的影响也很难成为主营业务,仅靠周边游旅行社营收难以为继。传统旅行社企业虽尝试多元化经营，但一直深耕旅游业务，一旦外部环境变化对其业务风险冲击巨大，短期还无法适应市场变化。

（二）旅行社行业服务与旅游需求不相匹配

随着游客需求越来越多元化、个性化、散客化、互联网化，研学游、亲子游、非遗游等个性化需求不断增加。但旅行社提供的产品中很大一部分还是传统的观光产品、长线产品、大包价产品，对于周边游和本地游产品开发力度和资源整合

深度不够，对于旅游新产品开发的专业化能力不强，对于市场变化的应对能力不足，与旅游的需求不相匹配。旅行社并没有做好充足的产品储备来适应市场发展。中高端消费者愿意为个性化服务买单，旅行社在提高服务水平、提升服务品质，走专业化道路上还没有取得显著效果。

（三）传统旅行社企业业务模式已不适应时代发展

此次疫情除严重冲击传统业务以外，也对旅行社业务发展模式提出了新的考验。旅行社行业再也回不到过去，不能再靠信息不对称、批量组团、资源产品打包、赚取中间差价等原有的业务模式发展。要构建旅行社未来发展的新商业模式，应认真思考如何应对消费升级下的旅游市场变化，创新经营思路，打造旅行社企业的核心竞争力，增强旅行社企业在旅游产业链条中的不可替代性。

（四）核心资源不足、人才缺乏使得转型乏力

疫情放大了旅行社行业发展过程中的人才矛盾，如导游队伍缺乏归属感、安全感、荣誉感的问题越来越突出。执证导游中 95% 为初级导游，中高级导游人才不足。旅游业一直准入门槛较低，导致旅行社行业中高级人才储备严重不足，面对研学旅行、康养旅游等新兴的业务，没有与之匹配的拥有教育、心理、康养、医疗等专业背景的人才储备，旅行社企业在新业务拓展和转型时深感人才问题掣肘、力不从心。结构性过剩与结构性短缺现象并存，旅游专业服务人才供给与不断丰富的市场需求不相适应，成为制约旅行社发展的关键影响要素。

（五）旅行社服务价值一直被价格竞争所忽视

由于旅游异地性的特点，游客在常住地以外的旅游中难免会有各种的诉求和需要。旅行社的服务就是为异地旅游提供安全保障、提高旅行效率、提供品质化服务，带给客人安全感和愉悦感，降低信息搜寻成本，体会当地风土人情，感受人文服务和关怀。长期以来，旅行社市场竞争一直是价格战为主要形式，一味压低导游服务费用和企业利润，让游客对于旅行社服务产生怀疑。恶性市场竞争忽视了旅行社本身的服务价值，如何让服务回归本真价值，重塑旅行社的行业形象，让消费者愿意为服务买单，是必须破解的难题。

三、长沙目的地形象品牌突出，旅行社行业发展有希望

（一）长沙市旅游行业发展基础较好

尽管受到疫情影响，旅行社行业不景气，但是长沙市良好的基础给未来旅行社行业发展带来希望和生机。长沙建设旅游强市硕果累累，已成为六大千亿产业集群之一，旅游业整体实力越来越强。旅游开放合作日益广泛，国内外旅游营销活动成效显著。长沙先后荣获“中国十佳休闲宜居生态城市”“中国网民最关注的十大旅游城市”“中国十大文化旅游城市”等称号，连续十年被评为“中国最具幸福感城市”“全域旅游创建典范城市”。橘洲焰火、太平老街、铜官窑古镇等已成为长沙有名的旅游名片，休闲游、乡村游、人文游等旅游业态百花齐放，吸引海内外游客云集。旅行社由2015年的270个增加到2019年的420个。2019年全市接待国内外游客总数达到16832.6万人次，比2015年增长1.4倍，年均增长9.5%；实现旅游总收入2029亿元，比2015年增长1.5倍，年均增长10.7%。

（二）目的地形象具有较好社会品牌

自2005年提出“快乐长沙”的城市形象定位以来，长沙在全国众多城市中脱颖而出，打响了“快乐长沙”国际品牌形象。一是节会营销打造新品牌。持续举办了具有国际影响力的营销节会赛事，如橘子洲烟花、金鹰艺术节、国际马拉松赛等。二是境外营销迈出新步伐。骨干企业深度开发旅游精品路线，重点针对“一带一路”沿线国家，开展“长沙周”境外推广活动，巩固东南亚市场、壮大日韩市场、拓展欧美市场效果显著。三是媒体营销取得新进展。充分发挥湖南卫视、快乐大本营等知名媒体和节目的传播力，邀请名人明星担任长沙旅游形象大使，增强传播效果，不断提高“媒体艺术之都”“东亚文化之都”等品牌的国际知名度和影响力。

（三）旅游公共服务体系不断完善

随着全域旅游、大众旅游时代到来，长沙的旅游公共服务体系不断完善。一是旅游品牌迅速崛起。橘子洲景区5A级成功复牌；花明楼景区晋升为国家5A级旅游景区，洋湖湿地景区、关山景区、黑麋峰景区、文家市秋收起义纪念园等成

功晋升国家4A级旅游景区，全市4A景区以上等级景区达到20余家。沩山风景名胜区晋级为国家级风景名胜区，大围山生态旅游示范区获批首批“国家生态旅游示范区”，灰汤温泉创建为国家首批旅游度假区。二是基础设施扎实推进。改革开放的不断深入，旅游投入力度不断加大，长沙交通设施逐渐完备，高速公路、铁路、航空等基础设施质和量不断提升，开通了多条国际航线，为开拓入境旅游市场创造了条件。三是信息服务畅通无阻。智慧旅游指挥调度中心、旅游大数据分析中心、旅游手机App、导游培训管理平台等软硬件建设全部完成并投入试运营，长沙旅游智能导航、导游、导览、导购即将实现，“一部手机游长沙”呼之欲出，智慧旅游走在“智慧长沙”建设前列。四是接待服务能力提升。年经营收入过亿元的旅游企业达到35家，其中亲和力、海外旅行社、华天、新康辉进入全国百强旅行社。

（四）旅游重点项目有序落地助力行业复苏

2020年长沙市铺排重大文化旅游项目110个，预计项目总投资1867亿元，2020年度预计投资272亿元。其中投资10亿元以上的特大型文化旅游项目27个，占全市文化旅游预计总投资的88.8%。长沙拥有国家级文化产业示范园区（基地）12家，省级文化产业示范园区1家。截至10月底，马栏山视频文创园2020年新引进市场主体637家，累计增至1443家。截止到12月15日，天心文化广告产业园共有企业851家，其中上市挂牌企业6家，规模以上服务企业42家，高新技术企业27家，产值过亿企业9家。

“媒体艺术之都”“东亚文化之都”“快乐长沙”“网红长沙”等耳熟能详的目的地品牌形象深入人心，长沙旅行社行业发展有较好的资源优势，配套服务智能升级，文旅融合深入企业园区，“文旅+”和“+文旅”等新业态给未来旅行社行业发展带来更宽广的空间。

第四节　长沙市旅游景区行业发展概况

一、长沙市旅游景区行业发展总体情况

（一）旅游景区发展保持稳健，各市州呈现“齐步走”局面

2020年，长沙市共有等级旅游景区63家，比上年增加4家。其中，5A级景区2家，4A景区24家，3A景区36家，2A景区1家，A级景区0家；全市纳入统计系统的59家A级景区（新增的4家未纳入年报系统）实现营业收入10.12亿元，同比减少30.48%。接待游客3919.14万人次，同比减少39.74%。其中4A级及以上景区营业收入占全市等级景区营业收入的73.33%。

表10　2020年长沙市A级景区经营情况[①]

		数量	接待总人数		营业收入		门票收入	
		家	万人	同比 ±%	万元	同比 ±%	万元	同比 ±%
A级景区合计		59	3919.14	-39.74%	101175.49	-30.48%	50702.48	-28.57%
其中	5A级景区	2	1201.06	-42.17%	5122.86	-36.36	2115.96	-41.90%
	4A级景区	22	1702.02	-36.60%	69068.30	-21.23%	40884.89	-20.47
	3A级景区	33	1007.70	-42.03%	26938.33	-54.16%	7687.94	-51.63%
	2A级景区	2	8.36	+89.57%	46.00	-21.61%	13.70	-56.91%
	1A级景区	0	0	0	0	0	0	0

在各地市州A级景区营业收入方面，长沙列全市第1位，同比减少30.48%；

① 数据来源于湖南省旅游饭店协会发布的《2020年度湖南省酒店经营数据统计分析报告》。

从景区接待游客人数来看，长沙接待游客 3919.14 万人。从接待游客增长率来看，等级景区接待游客同比增长率达 −39.74%。

表 11　2020 年长沙 A 级景区营业收入及接待人数 ①

地区	数量	营业收入		接待人数	
	家	万元	同比 ±%	万人次	同比 ±%
长沙	59	101175.49	−30.48%	3919.14	−39.74%

（二）从“景点旅游”迈向“全域旅游”，新业态不断涌现

据统计，全市共有红色旅游景区 25 家，其中，5A 级景区 2 家，4A 级景区 4 家，3A 级景区 0 家，2A 级景区 0 家。长沙市工业旅游示范点共计 75 个，其中，国家级示范点 26 个，市级示范点 49 个。乡村旅游区（点）共计 169 个。其中，5 星级 62 个，4 星级 41 个，3 星级 66 个。旅游度假区共计 2 个。其中，国家级 1 个，市级 1 个。乡村旅游重点村共计 10 个。其中，国家级 3 个，市级 7 个。全域旅游示范区共计 3 个。其中，国家级 1 个，市级 2 个。

2018 年以来，旅游景区加速转型升级，景区观光旅游和休闲度假旅游并重，传统业态和新业态齐升。在我国景区旅游市场，休闲度假游的比重提升显著。随着我国旅游景区传统业态与新业态齐升，景区旅游企业也加大深耕细分市场，开拓增量发展空间：中国特色冰雪旅游发展模式初步形成；避暑旅游由概念转为政府、企业共识和行动；夫子庙等景区为代表的研学游持续升温；主题公园为满足国民大众旅游体验需求持续发力；旅游演艺行业龙头在深耕的同时，尝试海外发展；特色小镇迎来转型期，回归理性，健康可持续发展。

（三）景区旅游资源丰富，空间分布呈中心密集外围稀疏状态

按照旅游景区所依托的旅游资源属性分类，长沙旅游景区主要分为自然风光类、历史文化类和人造休闲娱乐类三大类型。比如岳麓山风景名胜区、橘子洲风景区等是自然风光类景区，如岳麓书院、花明楼——刘少奇故居景区等属历史文

① 数据来源于湖南省旅游饭店协会发布的《2020 年度湖南省酒店经营数据统计分析报告》。

化类景区，千龙湖生态旅游度假区、石燕湖生态旅游景区等是人造休闲旅游类景区自然景观类旅游景区的游客满意度水平最高，介于比较满意和非常满意之间，历史文化类和人造休闲 娱乐类游客满意度得分差距较小且都接近比较满意，只有天心阁、柏乐园、贾谊故居等景区满意度略低。景区旅游资源丰富多样，发展基础良好。

A 级旅游景区在空间分布上总体呈现中心密集，外围稀疏的特点，其中人造休闲类景区主要分布在市辖区和距离市区较近的长沙县的部分地区；历史文化类景区在市辖区分布较为密集，在浏阳市等外围县市也有一定的分布；自然风光类景区分布较为分散，主要位于城市外围的浏阳、宁乡和长沙县等县市，市辖区内分布较少。

（四）等级景区旅游消费便利指数位居全国前列

2020 年，国务院办公厅印发《关于进一步激发文化和旅游消费潜力的意见》，明确提出“提高消费便捷程度”的多项举措。长沙市等级景区积极响应中央号召，在智慧旅游景区建设上大胆探索，有效利用互联网、大数据等前沿技术，帮助景区旅游资源“能量”进一步释放，给旅客带来“畅爽”的极致体验。譬如各市州大力推行的门票线上化能够削峰填谷、缓解拥堵、保障游客游玩的安全和便利。据中国社科院和美团点评对全国 5A 和 4A 级景区（高星景区）在信息获取、交通、入园及游玩等主要旅游消费环节的便利度进行评估后，联合发布的中国景区旅游消费便利度指数（TCI）显示，岳麓山风景名胜区、长沙市博物馆、千龙湖生态旅游度假共 3 家景区入选全国 5A 和 4A 级景区 TCI 榜单，其中，岳麓山风景名胜区入选全国 5A 级免费景区 TCI30 强。市博物馆、千龙湖生态旅游度假区入选全国 4A 级免费景区 TCI30 强。市博物馆位列全国博物馆类景区 TCI20 强第三名。

（五）部分景区启用数字化经营模式

首先，由于疫情期间各个旅游企业关门谢客，人们压抑已久的旅游需求开始借助 AR、VR 等虚拟技术释放出来，这也开辟了旅游景区“线下资源线上体验”的新发展思路。其次，由于长时间宅在家中，人们出游的计划性增强，加之旅游景区实行的预约制度，使得人们在出游前会更加全面和仔细地查阅旅游景区信息，这对景区的数字化营销提出了更高的要求。最后，出于安全和健康的需要，游客对景区的接待设施也有了更高的要求，通过移动端获取周边服务的方式将更加普遍，比如当地的医疗服务、消费优惠等。这要求景区要将当地相关服务信息进行整合并进行数字化开发。数字文旅消费逐渐成为新的热点和趋势。

线上订票越来越受到欢迎，74.3% 的用户首选在线旅游网站作为景区门票订票平台。2013 年到 2017 年，中国高星景区在线门票市场规模不断扩大，门票销售的整体在线渗透率逐年增长，2017 年我国高星景区在线门票交易额已经超过了 188 亿元，在线渗透率达到 14.3%。

景区 IP 的发掘和重塑、景区硬件和软件配套设施的智能化持续升级。进入信息时代，随着网络科技的发展，我国景区游客在预定景区门票的支付方式上，更加偏好使用支付宝和微信支付。在景区服务方面，越来越多的游客期待能够享受快速入园服务，减少排队时间，并期望景区能够提供无线网络。要提升游客在景区的游览体验，加快智慧景区的建设步伐势在必行。

二、长沙市旅游景区行业发展存在问题

（一）盈利模式单一，过度依赖门票经济

景区资源的挖掘不够，餐饮、住宿、纪念品等没有凸显景区特色，质量配不上价格，刺激消费能力较差。产品开发和市场营销的费用较少，旅游产品开发没有得到有效规划安排，盈利竞争力不足。门票下调带来了小幅的游客量上涨，但不足以弥补不能依靠门票躺着赚钱的损失。为了推动旅游刺激消费，国家政策将继续推动景区门票下降。我国景区旅游发展动能的转换需要过渡，过去长期依赖于自然资源和历史文化资源“躺着”赚钱的旅游景区“站起来”需要时间，景区门票价格下降，二次消费又没有跟上，非景区业务收入点没有培育起来，势必造成景区短期阵痛。

2019 年开始，一些景区门票开始下调，与此同时上市公司景区业绩明显下降。据统计报告分析，长沙市大部分等级景区的空间规模和经济规模都比较小，辐射力不广，影响力不大，综合竞争力不强。很多景区的资金来源主要依赖政府财政支持和收取门票两种较为单一的方式。2018 年，长沙市 4A 级景区中，门票收入

在营业收入中的占比高达约 44%。此外，湖南省只有张家界成功上市，实现资本化经营，其他景区要实现这一目标，任重而道远。

（二）结构有待优化，功能结构单一

长沙市 A 级旅游景区主要是以山水观光和人文观光为主，休闲度假、运动体验、养生保健类的旅游景区虽已初露端倪，但尚未形成规模。二是比例结构畸形，亟待扭转。全市接近九成的等级旅游景区门票收入来源于 5A 和 4A 景区。其中 4A 级景区门票收入占比约 49%，是全市等级旅游景区门票收入最主要的来源；5A 级等级旅游景区数量仅占全市的 2.30%，而其创造的门票收入却占到了全市总量的约 38.53%。

（三）产品同质化严重，特色有待深化

景区资源数量繁多，产品形式雷同、跟风发展现象严重。随着网络信息传播速度加快，特别是短视频的迅速发展，某一景区的产品受到游客追捧后，其他景区与其类似的产品便如雨后春笋般接连出现。但这类流行趋势往往持续时间较短，景区大多布局粗糙、模仿痕迹严重，因而并不能持续吸引游客，往往流于形式、浪费人力物力财力。

网络自媒体的快速发展使景区的认知性传播越来越快，对于景区而言实则亦喜亦忧。如果景区产品质量过硬、求新求变，就可以快速传播增加客流量；如果景区一次性打造长期不迭代或只是跟风模仿，就会快速被市场看透，缺乏新鲜感和新奇性，犹如昙花一现。

旅游商品具有满足人们精神需求的属性，风光绮丽的自然景观、底蕴深厚的名胜古迹、别有风味的民间小吃，都具有各自的文化内涵，都能够给游客带来某种感官上的享受，因而都是值得开发的旅游产品。而缺乏纪念品保护力度和对盗版的打击力度，缺乏专门人才的设计创造，使得全国各地景区充满粗制滥造的复制品，难以打动人心。

具有同质化、低端化趋势的不仅是旅游商品，还有景区的开发管理，大面积无特色的人工造景或改造，甚至引发“名人故里之争”，是旅游业发展急功近利、缺乏个性化和前瞻性的体现。造成这一现象的主要原因之一是由于景区数量激增、

竞争加剧，从而使各个景区形成敌对思维，对标已经存在的项目，在同一较低水平上“斯杀”。

由于缺乏对文化的深度挖掘和有效利用，近距离重复的现象比较普遍，同质化严重，产品、主题、功能、客源等方面雷同现象较为常见。不说远了，长沙县的旅游同质化现象就非常严重。比如，一些镇率先举办首届葡萄节、油菜花节、荷花节等活动，第二年同样的活动必然是遍地开花，这就需要政府来进行引导。由此可推断出，只有形成地域特色鲜明、功能配套完善、规模布局合理的旅游景区体系，才能满足游客多样化、个性化的需求。

（四）景区数字化建设仍需加强

长沙 5A 级旅游景区的智慧旅游建设仍存在信息资源共享不充分、服务模式创新不明显、游客个性体验不深入、专业人才储备不理想、基于传统信息技术的旅游接待服务流程亟待重组和优化等问题。在已经实施数字化建设的景区，由于疫情引发线上流量与用户需求愈发庞大，线上旅游服务也略显不足，跟不上市场需求的快速变化。因此，在疫情防控常态化背景下，要想在激烈的市场竞争中吸引客源、留住客源，旅游景区必须进行全面的数字化建设，这也是旅游行业向高质量发展的必由之路，这对旅游企业的资金、人才技术提出了更高的要求和挑战。

（五）部分景区服务意识不强，管理混乱无序

我国旅游景区硬件设施建设不断进步，但部分景区服务水平、管理水平等软件方面相对偏低，导致景区功能质量不高。部分旅游企业在服务质量体系中各个子系统之间缺乏有效的衔接机制，特别是在旅游旺季游客量增大时，无法向旅游者提供高质量配套旅游服务。著名景区人山人海，既不能让游客欣赏到风景，还需要警惕人身、财产安全的问题。部分景区服务可信度不高，服务人员对游客缺乏耐心、缺乏礼仪常识；偷工减料、随意降低服务技术标准的情况时有发生。

（六）商业气息浓重，文化内涵不够突出

部分景区商业化现象越来越严重，影响旅游本质功能受到游客反感。景区失

去各自特色和内涵，低质量的小吃、特产、文创产品漫天要价，往往导致游客乘兴而来、败兴而归。旅游景区本质上是休闲娱乐的度假场所，却逐渐演变成为吆喝叫卖讨价还价的商业场所，各种各样的商贩云集，低档伪劣的旅游产品充斥其中，甚至有些景区发展成为坑蒙拐骗的自由市场，不仅不能给游客带来良好的旅游体验，更丧失了传承发扬文化内涵的功能。

（七）申 A 思维僵化，A 级不能代表水平

当下的 A 级，已经代表不了景区的真实水平，也不再能为景区引流。A 级景区的存在是为了划分出景区等级，从而使游客得到满意的观光体验。然而，当特色小镇有一千家时，已不再是特色小镇；当 A 级景区有一万家时，A 级也将失去光环和意义。在信息相对闭塞的时代，A 级是一个旅游出行的参考和引导，但在如今信息高速流通的时代，真正影响出行的是大品牌效应和熟人、社交软件的推荐效应，A 级的品牌度已急剧下滑。A 级在不能为景区带来引流好处的同时，可能还会为景区套上枷锁，有碍于景区的特色发展。景区的发展是一个变量行为，需要跟随市场的步伐快速调整。发展规范是好事，但是景区与其花费大量人力物力财力，追求一个不能证明实际水平名号，还为自身发展加上种种限制，不如把更多地把精力放在如何紧跟需求、提升游客满意度，挖掘突出自身优势，凭真本事赢得长远发展。

（八）环境污染严峻，旅游资源受到破坏

近年来，长沙市旅游资源遭到破坏、旅游景区环境质量下降等问题日益突出，不仅给景区带来负效应，还阻碍了旅游业持续发展。我国旅游资源保护存在以下几点主要问题：立法滞后和不完善，缺乏专门的旅游资源保护法；已有法律法规存在交叉重叠，可操作性和技术性较差，条块分割和多头管理，导致权限不清、责任不明晰；处罚力度不够、对游客警示教育效果不明显。游客素质不够高，没有保护国家文物、爱护景区环境的意识，导致破坏旅游资源的行为频现。但不文明行为差别很大，有的需要法律强制手段，有的则需要道德引导，相关部门应该对不文明现象进行梳理分类，有针对性地进行处理，加强对我国旅游资源和环境的保护。

第五节　长沙市酒店行业发展概况

一、长沙市旅游酒店行业发展总体情况

2020 年长沙市酒店行业的发展现状主要呈现以下三个特征：

（一）发展进程放缓的现象较为普遍

新冠肺炎疫情迫使长沙酒店行业停滞，而在停滞过程中酒店经营者的也一直不断流出，整体处于只出不进的状态。特别是经济型酒店以及非标酒店出现了大量的萎缩的状况，也有部分酒店经营者知道在后疫情时代酒店行业的发展会非常困难，诸如华住集团旗下的全季酒店在长沙放缓的发展进程，长沙融创施柏格酒店也放缓了会议型酒店的发展速度。

表 12　湖南省／长沙市五星级酒店主要经营数据平均值统计结果对比[①]

项　目	湖南省			长沙市		
	2020	2019	同比	2020	2019	同比
平均总营收（万元）	6682	9029	−25.99%	7879	10633	−25.90%
客房收入（万元）	2700	3742	−27.85%	3264	4380	−25.48%
餐饮收入（万元）	3057	4060	−24.70%	3507	4768	−26.45%
其他收入（万元）	925	1227	−24.61%	1108	1485	−25.39%
客房出租率 OCC(%)	42.16	57.24	−15.08	44.18	58.25	−14.07
平均房价 ADR(元)	437	461	−24	488	509	−21
平均客房收益 RevPAR(元)	191	270	−79	222	303	−81

① 数据来源于湖南省旅游饭店协会发布的《2020 年度湖南省酒店经营数据统计分析报告》。

续表

项　目	湖南省			长沙市		
	2020	2019	同比	2020	2019	同比
客房平均收入占比 (%)	40.39	41.44	−1.05	41.42	41.19	+0.23
餐饮平均收入占比 (%)	45.76	44.97	+0.79	44.51	44.84	−0.33
其他平均收入占比 (%)	13.85	13.59	+0.26	14.07	13.97	+0.10
人工成本率 (%)	43.88	31.18	+12.70	40.57	31.30	+9.27
能耗成本率 (%)	22.10	9.25	+12.85	21.44	8.38	+13.06

2020 年度挂牌五星级或按五星级标准经营的酒店（以下简称五星级酒店）平均营业总收入为 6682 万元，同比平均营业总收入 9029 万元下降 25.99%。其中客房平均收入 2700 万元，较去年同期 3742 万元同比下降了 27.85%；餐饮平均收入 3057 万元，较去年同期的 4060 万元同比下降 24.70%；其他平均收入 925 万元，较去年同期 1227 万元同比下降了 24.61%。

表 13　湖南省/长沙市四星级酒店主要经营数据平均值统计结果对比①

项　目	湖南省			长沙市		
	2020	2019	同比	2020	2019	同比
平均总营收（万元）	2928	3833	−23.61%	3292	4484	26.58%
客房收入（万元）	1271	1895	−32.93%	1414	2051	−31.06%
餐饮收入（万元）	1238	1422	−12.94%	1220	1573	−22.44%
其他收入（万元）	419	516	−18.80%	658	860	−23.49%
客房出租率 OCC(%)	47.31	57.29	−9.98	45.23	61.86	−16.63

① 数据来源于湖南省旅游饭店协会发布的《2020 年度湖南省酒店经营数据统计分析报告》。

续表

项　目	湖南省			长沙市		
	2020	2019	同比	2020	2019	同比
平均房价 ADR(元)	293	313	−20	313	340	−27
平均客房收益 RevPAR(元)	141	181	−40	148	211	−63
客房平均收入占比 (%)	43.45	49.44	−5.99	42.94	45.74	−2.8
餐饮平均收入占比 (%)	42.33	37.10	+5.23	37.07	35.08	+1.99
其他平均收入占比 (%)	14.31	13.46	+0.85	19.99	19.18	+0.81
人工成本率 (%)	37.37	29.78	+7.59	39.36	29.70	+9.66
能耗成本率 (%)	10.96	10.78	+0.18	14.71	9.09	+5.62

2020 年度挂牌四星级或按四星级标准经营的酒店（以下简称四星级酒店）平均营业总收入为 2928 万元，同比 2019 年平均营业总收入 3833 万元下降 23.61%。其中客房平均收入 1271 万元，较去年同期 1895 万元同比下降了 32.93%；餐饮平均收入 1238 万元，较去年同期的 1422 万元同比下降 12.94%；其他平均收入 419 万元，较去年同期 516 万元同比下降了 18.80%。

2020 年度挂牌三星级或按三星级标准经营的酒店（以下简称三星级酒店）平均营业总收入为 1428 万元，同比 2019 年平均营业总收入 1951 万元下降 26.81%。其中客房平均收入 520 万元，较去年同期 755 万元同比下降 31.13%；餐饮平均收入 631 万元，较去年同期的 804 万元同比下降 21.52%；其他平均收入 277 万元，较去年同期 392 万元同比下降 29.34%。

表 14　2020 年湖南省／长沙市三星级酒店主要经营数据平均值统计结果对比[①]

项　目	湖南省			长沙市		
	2020	2019	同比	2020	2019	同比
平均总营收（万元）	1428	1951	−26.81%	1804	2368	−23.82%
客房收入（万元）	520	755	−31.13%	682	1085	−37.14%
餐饮收入（万元）	631	804	−21.52%	737	1013	−27.25%
其他收入（万元）	277	392	−29.34%	385	270	+42.59%
客房出租率 OCC(%)	42.94	63.38	−20.44	39.99	69.25	−29.26
平均房价 ADR(元)	217	222	−5	235	241	−6
平均客房收益 RevPAR(元)	96	141	−45	95	167	−72
客房平均收入占比(%)	36.40	38.70	−2.30	37.79	45.82	−8.03
餐饮平均收入占比(%)	44.19	41.21	+2.98	40.86	42.78	−1.92
其他平均收入占比(%)	19.41	20.09	−0.68	21.36	11.40	+9.96
人工成本率(%)	43.13	29.86	+13.27	45.34	31.03	+14.31
能耗成本率(%)	15.23	13.36	+1.87	14.59	10.92	+3.67

（二）消费者群体大幅减少

长沙作为国内少有的集山、水、洲、寺、墓等众多自然人文资源于一城的省会城市，拥有着良好的发展前景。近年长沙市又紧跟时代的步伐，大力发展媒体传播等娱乐产业，由于这些新兴媒介的推广，使得长沙的知名度大大提升，城市魅力不断增强，长沙作为新晋的网红城市，吸引着国际国内大量的游客前来旅游观光。中国－非洲经贸博览会获得党中央、国务院批准长期落户长沙，首届中非

① 数据来源于湖南省旅游饭店协会发布的《2020 年度湖南省酒店经营数据统计分析报告》。

经贸博览会超过 1 万人参展，由长沙圣爵菲斯大酒店、潇湘华天大酒店、中国城戴斯大酒店、湖南国际会展中心组成的布展接待团队，悉心周到的规划布局，各类参展人员有序分流，实现高效的沟通与资源匹配，向全世界展示了长沙强大的国际会议的接待能力，这些阶段性成果的取得，与酒店人的努力是分不开的，这些种种的利好，也为长沙带来了大批酒店客户，但是由于 2020 年新冠肺炎疫情的影响，出于疫情防控的需要，人们跨省跨市流动减少，这样对酒店行业的客源造成了较大的不利影响。无论是观光型旅游者、娱乐消遣型旅游者、公务型旅游者、个人及家庭事务型旅游者都成批量的减少，很多聚集性的培训以及商务谈判均因为疫情影响转为线上进行，这进一步削减了公务型旅游者来酒店住宿消费的数量。酒店在疫情期间被定义为聚集性场所，这使得无论是游客还是长沙市常住居民都对酒店产品望而却步。

从紧张度来看，五星级酒店较高，从线上线下的预定整体客人接受度会较好，其次是三星、四星。单从紧张度方面看，三星线下预定市场好于线上预定情况，可以控制价格体系做好线上收益。但是受疫情影响，长沙市酒店行业消费者群体大幅减少，客流量大不如前。

（三）行业发展受到疫情防控常态化的要求限制

长沙市的酒店行业还要按照基本防疫的需要，采取一系列的措施，诸如长沙瑞吉酒店将餐饮部餐桌摆放须扩大间隔距离、餐厅环境、客房区域都需要采取更加严格的消毒措施等，这些防疫要求本身是必须执行的，但是对酒店从业者来说，由于需要扩大间隔聚力，经营区域内有大量的空间不能使用，日常消毒无论是人力、财力、物力都需要进行增加，显然不利于开源节流。

二、酒店行业经济呈现颓势

2020 年受新冠肺炎疫情的影响，长沙市酒店行业呈现出支出增多、收益减少的特征，造成这一现象的原因有二：其一，由于酒店需要执行一些基本的防疫要求，所以必须购置一系列的防疫物品，如消毒液、洗手液等。同时，酒店内各场所的消毒频率和要求相较于疫情前均有了更高的标准，对此必须加大人力资源的投入；除此之外，酒店为了保障自身在后疫情时代的人力资源充沛，必须在薪资报酬上予以优待，否则会出现大量人力流失现象，因此酒店行业经济支出增多。其二，酒店行业在消费者群体减少、近半业务资源闲置等状况下，如长沙现代凯莱酒店，长沙芙蓉国温德姆至尊豪廷大酒店，选择将康乐部门交由第三方运营，由于疫情影响，导致酒店康乐部诸如健身房、棋牌室的收益均受到不同程度对的影响，收益减少是必然存在的现象。

行业现状中显示，长沙诸多的酒店经营者还是想在后疫情期间，继续经营酒店，但是由于自身经济实力较弱，无法面对如此巨大的疫情期间的营收波动，因此长沙市的酒店行业出现经济型酒店以及非标酒店状况由于自身实力受限，出现的发展艰难，甚至有部分经营者退出市场的情况，这对于长沙市2020年度酒店行业的发展造成了严重的阻力。对比疫情前后，长沙市的酒店行业在疫情期间，整体情况呈下滑趋势。在疫情期间政府相关部门还是牵头提出了一系列优惠政策，帮助鼓励酒店经营者继续经营酒店，但是收效甚微。通过调查发现，大量酒店特别是非标酒店（民宿）经营者由于自身经济实力限制，无论出台何种优惠政策，都无法持续进行经营。

三、消费者对于酒店行业信心不足

2020年受新冠肺炎疫情的影响，酒店行业被定义为人群聚集性行业，大量的酒店消费者对酒店消费存在恐惧担心的心理，并且跨省跨市旅游限制，国际疫情蔓延，国内部分地区偶有发生本土感染病例，导致酒店消费者更加不敢进入酒店消费。恐惧心理使得酒店行业丧失了大量消费者，代表酒店行业的社会价值减弱，酒店行业的脆弱性在疫情期间表现得尤为明显，由于其内部发展的短板，向外扩张更成为空谈。这种状况对于长沙酒店经营如铂涛集团（7天连锁酒店）扩张计划受到影响，五星级酒店如万豪集团、洲际集团的增加新的酒店计划也受到了冲击，对于非标酒店诸如单体经营的民宿类产品，更是遭受毁灭性打击。

四、业内人力资源流动仍然频繁

2020年长沙市酒店从业者的流动现象更为严重，长沙市部门酒店都存在内部流动的现象，部分酒店诸如尼依格罗、长沙瑞吉酒店集团采取提高薪酬待遇的方式来进行抑制人员流动，但是这些措施虽起到一定的作用，但是行业整体上的人力流动依旧频繁，且呈恶化趋势，表明在后疫情时代下酒店行业将面临人力 资源不足的问题。造成这一问题的原因如下：第一，酒店从业人员对疫情的影响同样存在恐惧心理，即算是酒店雇佣方采取提高薪酬待遇的情况，也无法引导其回归酒店行业继续工作，而选择转行或者待业者居多；第二，由于酒店行业本身具有的脆弱性，对风险的抵御能力相对于工业、建筑业更弱，疫情导致酒店行业受到严重打击，因此，大量酒店从业者认为继续在该行业中谋求发展是不理智的，因此选择了离开。

第二章
长沙市文化与旅游业重振的主要经验和典型做法

2020 年长沙市文化与旅游业以“重帮扶、促消费”为主要任务，通过一系列组合拳促进文旅复苏，力争呈现新气象。首先是出台了《支持文旅企业降低疫情影响稳定市场经营促进产业发展实施办法》等系列文件，形成了“1+2+10”的政策体系，统筹开展产品创新、活动引导、消费示范等十大行动。退还 385 家旅行社质保金 1.1 亿元，组织 183 家单位获省级战疫专项资金 1154 万元，给予 79 个旅游景区、旅游饭店、旅行社支持补助 395 万元。成立 13 个小分队深入文旅企业开展对口帮扶，纾困惠企助力复工复产。全市等级景区、星级乡村旅游区（点）、娱乐演艺场所、网吧复工率均为 100%。其次是消费引导上演“连续剧”。全年围绕“山水洲城·快乐之都”这一主题，三月在全省率先启动“沁园春——长沙文旅月”活动，随后密集推出“夏之恋·在长沙”文化旅游季、“湖南人游省会长沙人游长沙”假日文旅消费引导活动、“秋之颂·赏长沙”“冬之约·到长沙”文化旅游季。成功举办第八届阳光娱乐节、杜鹃花艺术节、动漫游戏嘉年华等重大品牌节会，以活动不断、好戏连台，助力景区引流、游客回流。第三是多方联动唱响“协奏曲”。强化省市县联动，广泛参与湖南文旅网络消费季等活动；联动区县市及湘江新区、高新区，举办各类文旅活动超 400 场次。强化部门联动，联合市发改委等单位，推出首届“夜星城”消费节、休闲农业与乡村旅游等活动。强化政企联动，鼓励行业协会和景区、企业优惠让利，市导游管理服务中心、市饭店协会组织开展金牌导游进景区、充值钜惠活动等，有效刺激了消费。全年长沙市实现旅游收入 1663.44 亿元，接待旅游人数 1.52 亿人次。

第一节　长沙市文化重点行业重振的主要经验和典型做法

一、深入推进公共文化领域重点改革

（一）构建城乡一体的图书馆阅读体系

近年来，长沙实施公共文化服务体系建设三年行动，10 年来，长沙市以构建“十分钟阅读圈”为目标，扎实推进全市图书馆总分馆体系建设，新建 5 个市、县图书馆新馆，170 个乡镇（街道）图书室、1100 个村（社区）图书服务点设施全部提质，全市 366 家农家书屋纳入总分馆体系，农村阅读空间全面扩容。在景区、商场、非遗展厅、地铁等跨界打造共享型阅读空间，吸纳 18 家民办图书馆、6 家企业、机关图书馆成为分馆，让市民在家门口就可以品味书香。目前，长沙市平均每 4 万人拥有 1 个图书馆或图书服务点，以总分馆体系为基础、覆盖全市的现代阅读服务网络基本形成，初步构建了具有高品质阅读资源、高品位阅读空间、高质量阅读服务的城乡一体化全民阅读生态。

长沙图书馆推出分龄分众特色阅读品牌 41 个，总分馆年均开展阅读推广活动 4200 余场。打造“阅读社交”品牌,引进了“剧本游戏”“读演俱乐部”等体验式、互动式阅读项目,开展“书香夜市”“阅见长沙”等文旅融合活动。成立“和阅联盟”，与全市 30 多个学校协力合作，服务师生近 10 万人。

该馆成立了长沙阅读推广研究中心，由总馆负责图书采购、编目、物流配送，实现技术统一管理、资源统一配置、人员统一培训、阅读活动统一配送。通过“智慧长图”对各分馆的开放管理、馆藏资源、阅读活动等跟进指导，对各图书馆分馆实行“月统计、季通报、年考核”、限期整改、末位退出机制。

（二）科技助力提质升级公共文化服务

根据长沙市公共文化机构文旅融合示范点建设要求，示范点不但要保留原有的阅读、培训、演出等公共文化服务功能，还要打造成区域旅游服务的“前台”，既要能免费提供旅游信息咨询服务，包括现场咨询、电话咨询、网络咨询服务等，

还要能提供满足市民游客个性化需求的“菜单式”服务，包括当地餐饮住宿门店的预订，团队拓展、党建活动、研学活动的组织策划服务等。此外，还要能收集对旅游设施和服务方面的意见建议，接受旅游投诉和旅游求助。

长沙市雨花区跳马镇综合文化服务中心在文体旅融合一体化示范点建设中将现代化、智能化融到基层文化建设当中，做到真正体验走近生活、文化走进民心。2020年6月，跳马文化站改造升级成为雨花区文化馆二馆，也是雨花区首个智慧文旅示范中心。在这里不仅设有培训教室、书法室、棋牌室、服装室、图书室、多功能室，还设立了雨花区传统文化展区、两型展厅等。信息技术同样是吸引游客和居民的一大利器，VR自行车骑行石燕湖、VR战马等体验设备吸引了不少市民和游客前来体验，感受文化和科技带来的全新体验。为满足不同游客需求，综合文化服务中心大厅设有接待台、休息区、雨花区旅游景点预约系统等实用功能区。馆内还特别设立了“雨花区特色旅游线路移动滑屏”，方便市民游客360°观看特色景点和网红打卡地。在大数据指挥中心，还可以实时了解雨花区各个景点和场馆的人数及活动开展情况。

（三）顶层设计保障各类群体文化消费

让基本文旅消费得到保障，多元文旅消费得到满足，高端文旅消费得到供给。是长沙文旅消费的顶层设计。统筹各类文旅设施及服务，让每个群体都能找到相适宜的文旅消费。实行公共文化场馆全部免费开放，让基本文旅消费更有保障；发展77家非国有文化场馆，组建10大民营艺术团体，推出休闲度假游、乡村生态游、红色研学游等文旅产品，让多元文旅消费更有选择；每年投入近3000万元向长沙音乐厅、梅溪湖大剧院购买服务，确保每场自营演出均为惠民票价；艺术教育普及演出，如“打开艺术之门”系列演出最高票价不超过100元；公益类演出制定10—20元超低票价，或有针对性免费赠票，用政府补贴手段降低票价。举办国际音乐艺术季等文旅活动，推动省市攻坚长沙交响乐团迈出坚实步伐，中外著名城市交响乐团长沙峰会永久落户长沙，让高端文旅消费供给更有魅力。

总体而言，通过打通文化惠民“最后一公里”，积极构建城区“15分钟公共文化生活服务圈”，实现了基层文化“读有书屋、唱有设备、演有舞台、看有影厅、跳有广场、讲有故事、创有指导、学有辅导、联有网络、办有经费”的“十有”目标。

建设高标准的公共文旅设施，丰富公共文旅产品，实现消费供给多元化、消费群体全覆盖，极大提升了游客和市民的幸福感，在针对城市治理能力和社会服务的21项满意度指标中，长沙在公共文化服务的满意度排名全国第一。

二、聚焦产业融合壮大文化创意产业

（一）创意赋能引领文化产业发展

近年来，长沙围绕打造国家创新创意中心为目标，先后出台建设文化创意中心三年行动计划、创建国家文化消费示范城市实施意见等规范性文件，引领建设国家创新创意中心。长沙市大力提升文旅能级，加入全球“创意城市网络”，并连续三年举办“一带一路”青年创意与遗产论坛。长沙市大力发展文化创意产业，进一步巩固壮大“广电湘军”“出版湘军”“动漫湘军”，为长沙文化产业装上了加速器。用文化为城市铸魂、创意为城市赋能，推动更多资源转化为文旅产品、旅游商品，湘绣、湘瓷、湘茶等成为长沙文旅创意融合的鲜明标识。重点打造特色精品街区、做优文旅小镇，后湖国际艺术区创意小镇、城市超级大脑智慧文旅等成为创客们精彩表演的“梦想剧场”，吸引国内外游客流连忘返。

巧用文化资源引爆乡村旅游，12月初，宁乡炭河古城，《炭河千古情》的热演融化了冬日寒意。3000年前西周文化凝聚于一台大型实景舞台剧，古老文明与现代科技绚丽碰撞，炭河绝恋荡气回肠。剧场外，漫步在西周风情街，编钟古乐、诗礼周风氛围浓厚，古建商铺鳞次栉比，互动式表演精彩纷呈，仿佛时空穿越。移步古城外，炭河里青铜博物馆威严肃穆，千余件文物解密方国“青铜谜团”。

（二）文科融合打造“中国V谷”

全力扶持产业园区（基地）及数字经济发展，成功打造马栏山视频文创产业园等一批特色鲜明、功能完备、富有活力、效益明显的文化产业园区。马栏山视频文创产业园是以数字视频创意为龙头，以数字视频金融服务、版权服务、软件研发等为支撑的视频产业集聚区。该产业园已集聚爱奇艺、字节跳动、快手科技等2000多家视频文创企业，围绕数字经济布局，瞄准互联网、内容制作、电子竞技、视听技术、版权综合服务等视频文创产业链招商，已成功打造创新能力一流、结构优势突出、商务模式新颖、辐射能力强劲的视频文创产业园。2020年，马栏山（长沙）视频文创园企业预计实现营业收入410亿元，同比增加18%；完成固定资产投资144.6亿元，同比增加112%；实现税收24亿元，同比增长20%；完成重大项目投资44.84亿元，产业集群不断壮大。力争形成“北有中关村、南有马栏山”的行业引领格局，打造具有国际竞争力、中国最好的视频基地“中国V谷”。2020年9月17日，习近平总书记考察调研园区，对长沙文化产业发展给予了高度评价。

三、多措并举提升城市文化品牌

（一）项目拉动打响演艺品牌

作为有着3000多年悠久历史的古城，作为世界“媒体艺术之都”“东亚文化之都”，长沙城市发展从粗放式向精细型转变，文化消费从低端向高端拓展，城市形象从内敛走向开放，使长沙逐步成为更多人心中的“诗和远方”。长沙市将项目建设作为提升文化品牌的一个重要举措，着力提升项目精致度、精美度，促进文旅产业高质量发展。2020年全市建设文化旅游产业项目110个，年度投资达271.7亿元。建成开放新华联铜官窑国际旅游度假区、炭河古城等全国有影响力的文旅项目。《炭河千古情》演出后，当年就实现门票和门店收入2亿元，带动就业5000余人。7月，投资超百亿的湘江欢乐城正式开园，冰雪世界、欢乐水寨全新开拓“火炉”长沙的夏季旅游消费市场。

（二）深挖内涵整合文化资源

依托长沙独特资源禀赋，挖掘内涵、打破边界，让“诗与远方”携手前行。整合工业遗产资源，建设湘江欢乐城，让原来的矿坑遗址精彩“蝶变”成世界最大的冰雪乐园；整合休闲娱乐资源，把琴岛、温莎KTV等培育成经久不衰的文化品牌，助推长沙文化娱乐业走在全国前列；整合公共文化资源，创新开展“百村千场文化进万家”活动，文艺进景区、焰火进景区、网红直播进景区等各类融合新业态精彩呈现；整合红色文化资源，讲好红色故事，创作了《半条红军被》《拜年》《最美逆行者》等精品力作。

第二节　长沙市旅行社行业重振的主要经验和典型做法

一、政府积极纾困旅行社行业

为促进旅游业复工复产，渡过难关，各级政府和部门出台了一系列的扶持政策和措施。文化和旅游部办公厅 2020 年 2 月 5 日发布通知，要求暂退旅行社现有缴纳数额的 80% 质量保证金，2 年后再予补足；2 月 27 日再次通知要求各地要加强与当地人民银行分（支）行的政策协调，为中小微文化和旅游企业资金需求尽最大可能争取额度；同日，要求各地方文旅部门采取有效措施保持疫情期间导游队伍稳定，为后期旅游业恢复发展储备能量。各地积极出台配套支持措施，减小旅行社经济负担，激发旅游市场消费潜力，加强复工复产指导。

为全面推进长沙市国家文化和旅游消费示范城市建设，按照市委、市政府关于“进一步发挥消费的基础作用，加快发展旅游经济，推动会展经济提质升级，培育新的消费热点，持续优化消费环境”的总体部署，为提升旅游业在经济内循环形势下的拉动效应，充分发挥旅行社在旅游产业中的龙头作用，支持长沙市旅行社企业积极开拓稳定市场和转型升级发展，长沙市文旅局和长沙市财政局印发了《长沙市关于支持旅行社进一步扩大地接业务稳市场促消费奖励扶持暂行办法》。对依法在长沙市行政区域内完成工商登记，并取经营许可证的旅行社企业和依法备案的旅行社分（子）公司进行帮扶。

帮扶主要体现在以下几个方面：一是出境组团社稳市场补贴。为支持组团社维持渠道，转型升级，对 2020 年因出入境旅游市场关停影响经营困难的出境组团社进行一次性补贴，五星级出境组团旅行社一次性补贴 10 万元，四星级出境组团社一次性补贴 5 万元。旅行社星级以年度内湖南省文化和旅游厅正式批复文件为准。二是旅行社品牌创建奖励。对 2020 年度被评为湖南省五星级、四星级旅行社的企业，分别一次性奖励 10 万元、5 万元。三是旅行社年度十佳奖励。对年度内依法诚信经营、业绩突出，依据《中共长沙市委、长沙市人民政府关于大力发展全域旅游的实施意见》（长发〔2017〕11 号）标准，被评为全市“十佳旅行社”的一次性奖励10万元。四是旅行社入境地接扶持。对招探接待长沙行政区域外的旅游团队来长旅游并达到一定规模的旅行社（旅游团队为单团游客10人及以上，散客不计），按以下标准实施奖励：

1. 地接过夜团队奖。年度内旅行社接待市外国内过夜游团队游客，5000—10000A次的每人次奖励5元；10001—20000A次的每人次奖励8元；20001人次以上的每人次奖励10元。

2. 接待入境团队奖。旅行社接待入境（含港澳台）游客团队，在长住宿1晚以上并游览2个以上有门票景点的，每人次奖励50元。

3. 旅游包机团队奖。对旅行社组织80人（含）以上旅游包机团队来长旅游，在长住宿1晚以上并游览2个以上景区景点（至少包含1个以上有门票景区）的，每班次奖励1万元。

4. 大型列车团队奖。旅行社组织专列或大型列车团队来长旅游，在长住宿1晚并游览2个以上景点，团队游客为300—500人次的每趟次奖励0.5万元；团队游客为501—800人的每趟奖励1万元；团队游客为801—1000人次的每趟奖励2万元；团队游客为1001人次以上的每趟奖励3万元。大型列车团队须在长沙行政区内任一列车站点落地，当日内单团不同列的团队以游客车票为依据，视为同团同列抵达。

5. 大型包车团队奖。旅行社组织外地大型旅游包车团队来长旅游，在长住宿1晚并游览2个以上景点，团队游客为300—500人次的每团奖励0.5万元；团队游客为501—1000人次的每团奖励1万元；团队游客为1001人次以上的每团奖励2万元。

6. 市场培育开拓奖。鼓励出境组团旅行社保持境外的宣传营销渠道，对在境外客源国设立合法办事处，有固定经营场所，有专职工作人员2人以上，年度内在所在国市场开展长沙旅游产品宣传推介活动2次以上的，奖励5万元每社。在2个个以上客源国设立合法办事处且符合上述条件的奖励10万元每社，主动开拓国内旅游新客源市场（国内各地级城市），年度内客源地来长游客达到5000人次以上的，每个客源地奖励10万元。

上述1—6项所列奖项不重复申报，游客人数不重复统计。

同时湖南省旅游局与财政厅联合发出《关于扶持旅行社做大做强的若干意见》

（以下简称《若干意见》），就贯彻《国务院关于加快发展旅游业的意见》和落实省委省政府关于将旅游业培育成为支柱产业的战略决策，做大做强旅行社行业这个旅游业龙头，采取全面、系统的政策措施。《若干意见》首先提出，旅行社是旅游业的重要组成部分和旅游市场的龙头，在招徕客源、组合产业要素、带动相关产业发展等方面具有不可替代的重要作用，建设旅游强省，旅行社行业必须要有大的发展；各级政府和相关部门要把扶持旅行社做大做强摆上重要议事日程，认真分析研究旅行社行业存在的问题，制定措施，加强管理，搞好服务，完善政策，全面加大扶持力度，促进旅行社又好又快发展。湖南省明确的任务和目标是，用5年时间，培育一批发展潜力大、团队素质强、管理服务和信誉度好的骨干旅行社，使旅行社企业规模明显壮大，综合实力显著增强，发展水平全面提高。

地方政府充分重视旅行社在畅通旅游市场循环、扩大旅游消费等方面的重要作用，酝酿和出台多种政策，持续推进纾困扶持政策落实落地落细，强化各类支持举措，支持旅行社转型升级，把支持旅行社发展摆到更加重要的位置，为疫情防控常态化下文化和旅游产业恢复和高质量发展奠定坚实基础。

二、文旅融合创设重振旅行社行业优良背景

（一）文旅 + 精准扶贫，催生乡村可持续发展内生动力

长沙市将文旅扶贫作为脱贫攻坚的重要路径，自上而下聚合“输血”力量，自下而上培育“造血”功能，催生乡村可持续发展内生动力。以旅游为支撑，多管齐下促脱贫：以“旅游 + 农业”促进农旅一体,以“旅游 + 城镇”促进产城融合，以“旅游 + 服务业”促进三产优化，以业态的多样化促进产业链条全域化，带动乡村旅游发展。

旅游扶贫在脱贫中的贡献率超过40%，一是依托资源禀赋，建立“旅游 +”、乡村旅游和共建共享三种帮扶模式，开发精品线路，重点发展“旅游 + 民宿”“旅游 + 采摘”等产业，让贫困户分红受益。二是发展说走就走、快去快回、自助自理的“微旅游”，辐射带动群众在家门口吃上“旅游饭”。

文旅携手综艺,授人以渔助增收：为响应中央一号文件实现“乡村振兴”的号召，湖南省文化和旅游厅联合湖南广电出品了中国首档乡村振兴文化旅游纪实节目《乡

村合伙人》。通过“综艺+文旅”的呈现方式，深入文旅资源得天独厚，却囿于交通条件等因素的影响，至今鲜为人知的特色乡村进行资源价值的开发与升级。同时，每期节目根据各乡村的发展特色，邀请对口的专家学者探讨分析村落在发展过程中面临的问题，提供可资借鉴的解决方式，切实将“输血”变成“造血”，为下好乡村振兴“一盘棋”提供宝贵的经验。

非遗助力扶贫，传承致富两不误：在政策和资金上支持非遗项目开展文创研发和生产，带动当地贫困户在家门口即可依靠传统手工技艺解决就业，实现脱贫增收。

（二）文旅+交通运输，方便旅客体验“诗和远方”

在交通运输愈发成为联通世界、振兴区域的“开路先锋”这一时代背景下，充分发挥“承东启西、接南转北”的区位优势和“空铁一体”的交通优势，让“锦绣潇湘”插上腾飞的翅膀。

2019年12月26日，黔张常铁路正式开通运营。自此，常德、张家界、湘西州三大热门旅游目的地迈入高铁新时代，龙山北、桑植、张家界西、牛车河、桃源、常德六座客运车站辐射形成了六大“旅游圈”。从长沙至张家界3小时可达，伟人故里精品线路、魅力湘西精品线路、大美洞庭精品路线自此将实现更好的贯通；从重庆坐火车到长沙只需3小时，比走渝怀线节省近7个小时，成渝等西部客源市场入湘的可进入性将大幅增加。

2019年4月长沙提出加快构建“长沙四小时航空经济圈”以来，黄花国际机场开通直飞曼德勒、斯里巴加湾、云屯、名古屋4条圈内航线，加密直飞新加坡、大阪、西哈努克港3条圈内航线。6月，首飞非洲内罗毕。在新航季，直飞澳门、加德满都、冲绳3条境外直飞航线相继开通，并开通经停泉州至槟城、经停临沂至日本静冈的中转航线，增密多趟国际航班。至此，“长沙四小时航空经济圈”已通达16个国家和地区的36个城市。

（三）文旅+科技创新，数字化、场景化、智能化加速

在大众旅游时代，游客更注重差异化的体验和精神层面的满足，传统的“观看式”旅游正在向“体验式”旅游转变。面临新形势，借助虚拟现实、大数据、

5G 等技术拓展产品体验的广度、深度和维度，满足了广大群众的需求。

推陈出新，首创多个“全国第一”：“世界读书日”前夕，湖南图书馆基于微信小程序开发推出全国首个图书馆综合数字阅读平台。上线仅月余，阅读量就突破 100 多万人次，受到读者广泛好评；在国际博物馆日，省博物馆与湖南移动携手打造国内外首个 5G XR 博物馆，使参观者体验到高清真 4K 直播、VR 漫游、5G 全息汉服秀等 5G 新应用，刷新了参观者对文化体验的认知；在文化和自然遗产日，省博物馆利用新媒体、移动互联网等新技术，推出全国首部文物保护与修复题材手绘科普微视频《文物重生秘籍》，弘扬了中华优秀传统文化；建立全国第一家旅游新场景实验室和全国第一家数字化文旅体验实验室，在浔龙河生态艺术小镇、中惠旅等单位试点，加强文旅消费体验新业态、新产品、新场景发展研究，开展文旅体验项目研发与应用示范。

场景革命，追求极致文旅体验：在第五届湖南“舞比快乐”IPTV 广场舞大赛上，结合最新的 5G+4K+AR+ 全媒体形式，展示了无人机 360° VR 赛事直播。同时，16 路高清视频直播、分会场 5G 连线、全息投影等前沿科技也让广场舞爱好者切身感受到高科技带来的舞动活力；中惠旅与英国 Holovis 集团联合打造的《关公战长沙》亮相石燕湖景区。这部社群式互动体验情景剧运用 Ride View、3D mApping、雷达捕捉、虚拟现实、现实沉浸等技术，颠覆了传统旅游演艺的观演模式，引发游客广泛关注；在第五届湖湘动漫月暨长沙（国际）动漫游戏嘉年华活动上，华谊兄弟长沙电影小镇旅游景区融入动漫文化元素，以游戏互动激活景区体验活力，以 AR/VR 数字技术进行场景呈现，深度挖掘景区文化内涵，推进动漫、游戏、旅游的融合，为景区创造更多数字文化体验消费内容；原创媒体艺术项目《光景如诗》的呈现方式开国内之先河。现场运用装置、绘画、舞蹈、表演等多种艺术形式，多层次叠影投息技术、多终端数控技术助力突破三维空间，首创沉浸式互动站立观演，让观众们成为光景如诗时空的一部分。

（四）文旅 + 民生消费，打造稳增长、惠民生“新支点”

以提高创新能力为抓手，以品牌建设为重点，不断推出更多优秀文化产品和优质旅游产品，进一步释放文化旅游消费潜力。

打造一批地方特色品牌，丰富供给促进消费。2020 年，在文化消费试点获评国家一档奖励、进入全国第一方阵的基础上，长沙提出争创国家文化和旅游消费示范城市，向建设国际消费中心城市目标迈进。为促进消费有序升级，长沙在“三间”“三区”“三创”上深挖潜力，进一步做强市场主体、做旺文化消费、做活文化业态。形成了“十大文旅消费示范区”“十大夜间经济项目”“十大网间经济项目”“十大乡间经济项目”40个示范项目，“供给引导消费，创新驱动发展”的“长沙模式”引起社会广泛关注。

（五）文旅+市场监管，积极营造和谐稳定的社会环境

以打造规范有序、风清气正的营商环境为己任，积极组织文化旅游市场春夏季专项行动，深入开展娱乐场所“黄赌毒”问题专项整治、联点督导禁毒任务和反恐工作。坚持“红线意识、底线思维”和“横向到边、纵向到底”“零容忍、全覆盖”的总要求，开展文旅市场安全生产和消防安全检查督查，切实开展扫黑除恶专项斗争；扎实推进文化市场综合执法改革。

三、转型升级构筑旅行社行业重振内在动力

后疫情时期旅游业面临的变化非常大，作为旅游业重要一环的旅行社行业面临的变化同样巨大，这种变化和挑战已经对旅行社的发展产生了威胁。为了继续发展下去，旅行社需要适应这种变化，解决这些问题并采取相应的措施。后疫情时期旅行社面临着游客消费心理和消费行为的变化，如游客对健康的问题更加重视，更加喜欢健康旅游，更加注重旅途中的卫生问题；游客出行多以自驾车为主，出游目的地多为本地、城市周边等较近的地方，喜欢家庭一起出游，精品民宿受到游客的推崇；游客更注重旅游品质和用户体验，旅游需求趋向于个性化、差异化；国内居民的出国旅游的意愿降低，更加倾向于国内旅游和城市周边旅游；游客出行的信息需求多元化，游客获得信息的来源以社会媒体为主，短图文和视频成为首选。旅行社竞争加剧，常规旅游产品的比例在下降，非标产品、细分产品、特色产品，精细化服务、个性化服务的需要在上升，自驾游、个性化团队、家庭团队、专题团队呈现出一定的增加趋势。导游人员流失，社会更加关注健康问题。移动互联网给旅游业带来了机遇，催生了一些新生物，如“云旅游”、旅游直播带货、

预约旅游等。为了应对这些问题和挑战，旅行社必须进行转型升级。

（一）重塑产品线，产品开发应向深度发展

近年来旅行社提供的大部分是跟团旅游产品，多数产品多年一成不变、毫无新意。我国旅游市场经过几十年的迅猛发展，游客出游趋于成熟，需求呈现多样化特点，原有的老产品已经无法游客的多样化需求。随着我国经济的发展，国家基础设施建设越来越完善，人们出行方式变得多样化，极大提高了出行的便利性。互联网技术的发展，丰富了人们对交通、住宿、餐饮、票务服务的获得渠道，游客完全可以绕过传统旅行社获得旅游过程中所需的各种单项服务。这些变化必然导致人们出游方式的改变，自驾、自助游将会占据越来越大的比例，从携程发布的《2020“五一”旅游消费新趋势大数据报告》统计的2020年度五一小长假出游方式来看，自驾、自由行已经成为主要的出游方式，严重挤压传统旅行社的生存空间。

疫情前，旅行社的产品分类出境游、入境游和国内游三大类。在后疫情时期，由于国外疫情还在蔓延，出境游和入境游的订单跌入谷底，大量的旅行社都涌入到国内游这条跑道上来，为了争夺客源，各家旅行社都要想尽办法使出浑身解数，旅行社之间的竞争异常激烈。这种情况下，不排除少数旅行社打价格战的可能。疫情后，常规旅游产品的比例在下降，非标产品、细分产品、特色产品，精细化服务、个性化服务的需要在上升，自驾游、个性化团队、家庭团队、专题团队呈现出一定的增加趋势。能否抓住这一新的需求和趋势，适应旅游市场的变化，关系着旅行社未来的发展前途。

由于疫情的影响，人们提升了养生和享受生命意识，更多的人会选择近郊游或自驾游，因此，旅行社首先要为消费者提供自驾游路线和规划产品、低密度出行、康养类旅游产品等；此外，开发“云模式”旅游产品。旅行社可以运用线上旅游直播形式，通过直播平台与用户形成良好的沟通来开发更多的线下游客。

网络科技的发展丰富了人们获取信息的渠道，改变了人们固有的生活方式，传统旅行社原有的信息差优势基本丧失，依靠信息差赚钱差价的时代一去不复返。在未来的旅游产品开发中，必须重视旅游者在需求上的变化，开发出适应市场需求的产品，才能赢得市场。

（二）优化营销渠道，科技成果应用与传统手段充分融合

传统旅行社销售的渠道主要依靠门店，旅游者要了解产品具体信息，必须亲临门店，在网络科技高度发达的今天，这种模式已然无法适应市场发展。传统的形象营销传播效应已经慢慢衰退，旅行社应通过应用社交媒体将网红景点、城市以及餐饮店等进行传播和曝光，可以与抖音、快手等具有广泛群众基础的短视频平台合作，提升旅行社的知名度，通过建设情感共鸣点来吸引游客。疫情之后，旅行社可转变自身定位，将品牌升级朝向个性化、温情化以及情感化的旅游品牌。

疫情期间人们收到的信息基本上都来源于线上媒体，疫情之后旅行社应将宣传重点放在线上媒体，除了通过线上媒体发布常规性旅游产品外，更多的是利用它来聚合目标受众。消费者会按照自身的需求和经济实力及潜在的消费理念前往消费。例如，微博上的网红推荐或小红书上报名旅行社攻略等，都是运用线上媒体带动消费的表现形式。同时，旅行社应当通过由线上媒体获得的流量延伸到实体店中对客源进行精准定位、运用客户的熟人圈对旅行社进行二次宣传来保证线上流量转化为实体店的经济效益。

（三）创新运营方式，增强抗风险能力

传统旅行社业务结构相对单一，抵御风险能力较差，一旦出现重大的市场波动，就有可能遭受灭顶之灾，本次疫情中传统旅行社的表现就充分地反映了以上问题。通过本次疫情，传统旅行社也探索出了一些新的路径，提升了自身抗风险的能力。如凭借长期积累的市场资源，扩大自身业务范围，和其他平台合作，销售非旅游类产品，开拓了资金收入来源；深耕旅游市场，积极迎合旅游者多样化、个性化需求，推出小众化的旅游产品。

旅行社可以与景区合作，通过策划举办依托于自然环境的活动，例如，户外运动、与民俗资源相结合的节日运动，即使在现有的硬件设施无法有效提升的前提下，游客也可以参与到各种活动之中提升旅游感受；其次，旅行社可以为游客提供多样化的消费体验和旅游服务。例如，通过运用社交媒体促使旅游服务智能化，游客可以在社交媒体上预订与旅游相关的一系列服务等。

（四）联合化经营，加强行业内合作

旅行社行业总体表现为小、散、弱的局面，在和线上旅游的市场竞争中，无论从产品丰富度、产品宣传、资源获取还是产品价格上和线上旅游企业相比均处于不利地位。同时，疫情极大改变人们的消费模式，线上消费比重越来越大。在此背景下，传统的旅行社需要化零为整、抱团取暖，通过多种形式、多种渠道进行全方位合作，以抗衡线上旅游企业的竞争，在后疫情时代旅游市场恢复增长中健康发展。

（五）疫情常态化防控，重视本地游客培育

疫情对于游客的影响可分为以下几个方面。第一，游客对健康的问题更加重视，更加喜欢健康旅游，更加注重旅途中的卫生条件。特别是酒店和餐厅的卫生条件和防疫措施，游客尤其关注。第二，游客出行多以自驾车为主，出游目的地多为本地、城市周边等较近的地方，喜欢家庭一起出游。喜欢绿色自然风光以及休闲度假，乡村旅游受到游客的欢迎，精品民宿由于很多具备了优美的自然人文环境和良好的服务娱乐设施、开阔的空间等，尤其受游客的欢迎，成了游客心中新的旅游目的地。第三，游客更注重旅游品质和用户体验，旅游需求趋向于个性化、差异化。传统的旅游产品难以满足游客的需求，现在很多的游客选择自助游的方式，自己根据各种攻略、推荐、笔记等查找信息安排行程，旅游市场向多元化方向发展。第四，受国外疫情的影响，国内居民的出国旅游的意愿降低，更加倾向于国内旅游和城市周边旅游，国内中短线旅游产品受到欢迎，本地人游本地的趋势上升。第五，游客出行的信息需求多元化。游客出行所需的不仅是景点信息，游客还需要网红店铺信息、各种打卡点信息、网红美食信息、特色民宿信息以及如何拍照等多种信息。游客获得信息的来源以社会媒体为主，短图文和视频成为首选。

（六）创新旅游者健康服务，重视健康旅游

后疫情时期，人们对于安全和健康问题特别关注。能够安全地出去健康地回来成为许多游客关注的重点问题。人们一方面是为了放松身心、减轻压力、获得身心的健康而出游，另一方面又担心旅途中是否存在着危害安全和健康的风险问

题。出于自身和家人的安全健康考虑，为了降低风险，人们在出游之前会搜集大量的旅游信息，比如旅游目的地有无新增病例，旅游目的地的防疫措施怎么样，旅游目的地有何防疫要求，旅游目的地与本地的健康码是否能互认。在旅游产品的选择上，人们更加倾向于有益于身体健康的旅游产品。在出游中，人们更倾向于自驾车和家人一起出游，在餐厅的选择上更加看重餐厅的卫生条件、食品质量、是否提供公筷，在酒店的选择上更注重酒店的干净整洁、酒店的防疫措施。出游时人们也更加注重个人卫生，普遍带上酒精湿巾、免洗洗手液、口罩等。全社会对健康问题都非常的关注，干净卫生问题也成了游客的首要关注问题，对于旅游业防疫措施不到位、旅游产品存在健康隐患，这些问题造成的影响比疫情前更为严重。这也给旅行社一个提示：一方面要更加注重防疫措施，选择防疫措施做得比较好的旅游酒店、餐厅、交通工具，并备好防疫用品以便游客不时之需，另一方面要顺应游客需求积极开发健康旅游产品。

安全是疫情结束后人们能放心出游的关键，因此，要向人们发送“安全信号”。首先，要保证旅游环境安全，旅行社根据官方发布的安全声明来选择适合的旅游场地，采取明星效应让更多人前往旅游地；另外，运用“预约”手段来控制出行。再者，根据疫情常态化防控转变服务和经营方向，如，由长途旅行转变为短途旅行、将本省内部的市场进行充分挖掘等。

对此，旅行社可从以下两点入手：第一，创新旅游者健康服务。旅行社可以向游客普及预防疾病、早期发现、紧急救援、及时就医、合理用药等维护健康旅游的知识技能，在对外宣传材料中增加游客安全防护指南和游客健康游览指南内容，针对老、幼、病、残、孕等特殊游客群体制定专门的健康游览手册，对于导游和司机等进行系统化、专业化的疾病防护、急救技能的培训，健康旅游知识技能培训，以自救和救护他人。第二，重视健康旅游新业态的开发和发展。健康旅游成为人们出游的一个重要的方向，旅行社应抓住这个机遇深入挖掘康养旅游资源，推出健康养生旅游产品和线路。将健康旅游与农业、林业、医疗卫生、中医药、房地产等相结合。加快推出和推广中医药康养旅游、医疗康复旅游、体育旅游、避寒避暑旅游、养老旅游等健康旅游新产品和新业态，以便更好地满足人们对健康的需求。还可将休闲度假和养生保健、修身养性有机结合，拓展养生保健服务模式，针对不同人群的需求特点，打造居住型养生、环境养生、文化养生、调补养生、美食养生、美容养生、运动养生、生态养生以及抗衰老服务和健康养老等一系列健康旅游产品。结合本地特色，将康复疗养与旅游相结合，开发日光、水疗、地热、海滨、森林、温泉等特色健康旅游线路，开展健康疗养、慢性病疗养等特色的旅游服务。

第三节　长沙市旅游景区行业重振的主要经验和典型做法

一、统筹应对疫情风险，提振文旅士气

长沙具有省会城市优势，是湖南文化旅游的中心和文化与旅游业恢复发展的发动机。作为省会城市担当，充分发挥引擎作用，引领全省文化与旅游产业恢复发展，积极调动各景区景点的积极性。

（一）精细管理，有序恢复开园

2020 年湖南省文化和旅游厅下发《湖南省 A 级旅游景区疫情防控期间有序开放工作指南》（以下简称《指南》），《指南》明确新冠肺炎疫情防控期间，A 级旅游景区有序开放需遵循的原则是：大空间、开放式街区、自然类景区优先；景区游览功能服务优先；景区内部大空间区域优先，室内场馆暂不开放；以室内参观为主的旅游景区暂不开放。《指南》同时对申报有序开放的景区提出了具体要求。

长沙市旅游景区景点正对标《指南》，普遍采取错峰限流、体温监测、实名购票等措施实施精细化管理，有效应对疫情风险，逐步恢复开园。例如：岳麓山景区要求游客保持 1 米距离，从 1 月 27 日开园起，组织共产党员、志愿者成立服务队，在东南两门门口设置检测点，认真做好测量体温、游客劝导等工作，并全天候对景区公共区域进行消毒。2 月 10 日起，景区逐步有序恢复景区正常秩序。橘子洲景区采取限流登洲措施，及时调整开放时间，从之前的每日 7:00 ~ 22:00 调整为每日 8:30 ~ 18:00，实施地铁跳站措施，封闭景区北支桥入口，只开放南支桥入口，并在入口处设置检测点，对上洲的所有人员进行体温检测、文明劝导；每日两次对公共区域、旅游厕所等进行严格的消毒杀菌工作。恢复开园后，长沙世界之窗开展“摩天轮快乐转起来”暖心活动，游客们可以在百米高空上俯瞰长沙；每入园一位游客，长沙世界之窗就将向武汉相关机构捐赠一个口罩，用最真诚的行动表达对武汉的支持。长沙世界之窗将通过实名制购票、设立体温监测点、全园定时消毒、设置疫情隔离点等措施，为游客创造安全健康的游玩环境。另外，园区

内室内体验项目暂时关闭，室外游乐设施仅开放摩天轮。浏阳大围山国家森林公园实行限流管控，每天限流 5000 人，采取错峰分时段入园游览，10 人以上团队需提前向景区报备。同时，大围山国家森林公园严格实行线下实名制购票，为避免现金交易，采取二维码支付；周洛大峡谷也采取了限流管控策略，每天限流 1000 人，每小时限流 200 人，并严格对景区内的设施进行了消毒。在天心阁景区，阁楼部分也没有开放。

据长沙市文化旅游广电局获悉，截至 3 月 11 日，长沙已有 20 家 A 级旅游景区恢复开放，占全市 58 家 A 级景区的 34.5%。已开放景区基本为空旷型空间或自然类景观。各大景区从硬件和软件上精准防控，多数限流开放，并采取严格消毒、无接触服务等措施，严控景区点、游乐项目和交通观光车承载量，以安全运营、有序开放为原则，客流量正在理性缓步回升。

（二）引金融活水，助力文旅企业纾困

疫情防控常态化下，湖南文旅系统协同财政等部门精准发力，打出金融组合拳，以应对文旅市场经济的下行压力。一整套开闸放水、减负降费的“礼包”接续而来，助力文旅企业恢复发展。为推动资本赋能文化与旅游产业，搭建文旅资本沟通平台，2020 年 6 月底，湖南省文化和旅游厅、湖南省地方金融监管局等联合主办文化和旅游部产业项目服务平台第十八期精品项目交流对接会暨湖南省文化旅游产业投融资大会，湖南省文化和旅游厅与七家金融机构签订战略合作协议，湖南省文旅企业获得金融机构贷款 99.129 亿元。北京银行长沙分行推出金融支持文旅企业战“疫”专项服务方案，为 13 家文旅企业提供贷款金额 4268 万元。为加强银政、银企、银镇、银园合作对接，湖南省文化和旅游厅召开省级特色文旅小镇和国家级、省级文化产业示范园区工作座谈会，以特色文旅小镇为抓手，引金融活水，满足中小微文旅企业的融资需求，振兴文旅消费，打造“锦绣潇湘”文旅品牌形象。

二、多方联动，营造安全有序美丽景点环境

（一）建立景点食品安全保险兜底

长沙市长沙县财政出资为县域内所有餐饮服务单位购买食品安全责任险，打

造食品放心消费环境，为游客及当地居民提供“看得见”“摸得着”的食品安全保障，切实提升人民群众的幸福感和安全感。对于餐饮服务单位来说，购买食品安全责任险有利于企业转移风险，提高产品质量，促进经济提质增效升级，还能加快政府职能转变，优化食品安全监管方式，协同解决食品安全问题，推进食品安全社会共治。而消费者如果不幸遭遇食品安全问题，即便企业无力赔偿，在保险兜底之下，消费者也能尽快得到赔付。此外，还可以对日常积累的理赔大数据进行分析，从中发现食品安全事故的风险因素，进而将风险提前控制，避免损害消费者利益的事情发生。购买食品安全责任险的餐饮服务单位囊括了长沙县所有大中小餐饮服务单位、中央厨房、集体用餐配送单位、网络外卖平台及入网商户、无固定营业场所商户、机关企事业单位、养老服务机构以及建筑工地食堂，最大化覆盖辖区人群，提升广大游客及当地居民的自我保护能力，形成政府部门、行业组织、单位企业、保险机构、社会公众多方积极参与、互动共赢的良好工作格局。

（二）推行绿色发展理念

党的十九大报告指出：推进绿色发展，加快建立绿色生产和消费的法律制度和政策导向，建立健全绿色低碳循环发展的经济体系。构建市场导向的绿色技术创新体系。一是文明创建美丽长沙，提升城市品位。以绣花般的功夫实现城市精细化管理，让长沙变得更加干净、更加有序、更加美丽、更加文明。长沙市2020年以来，下大力气抓好市容环境管控，加强城市主次干道、主要支路街巷、主要商圈、重要广场等关键节点的清扫保洁、清洗降尘，做到“全覆盖、见底色、常态化”，扮靓城市面貌，做到既干净清爽，又突出绿化美化。不但精益求精抓好绿化带建设，锦上添花布局鲜花与绿植，打造四季有花的绿化带、景观带，同时规范城市秩序，对乱停乱摆乱放、违规早市夜市摊点、违规搭建亭棚、违规设置户外广告等乱象进行整治，以此提升城市文明程度，建设美丽长沙。二是持续打好蓝天保卫战、碧水保卫战、净土保卫战。力争空气质量优良率达85%以上、基本消除重污染天气，充分展现“山、水、洲、城”的秀美灵动。科学制定路线图、时间表、任务书，确保实现降碳减排目标。加快创建国家生态园林城市，构建“滨水、环山、穿城、连景”的城市生态景观。坚决守护长株潭生态绿心，高标准建设绿心中央公园，率先建成长沙起步区，全力打造世界级品质的城市绿心、国际化的城市会客厅，筑牢高质量发展绿色屏障。如圭塘河井塘城市“双修”与海绵建设示范公园，行走在河堤两岸，美人蕉、亮叶朱蕉、翠芦莉等水生植物摇曳生姿，分外醒目。错落有致的植被景观与休闲步道巧妙融合，自然风情令人心旷神怡。圭塘河井塘段公园是全国为数不多的海绵城市4.0版项目，在大小“海绵”的“联动”之下，水体无黑臭、小雨不积水、大雨无内涝，从而实现对圭塘河的生态修复。2020年1至9月，全市32个国控、省控考核断面水质优良率为100%，圭塘河、沩水宁乡段、后湖、株树桥水库获评湖南省“美丽河湖优秀案例”，其中沩水宁乡段成功推荐至生态环境部参评全国“美丽河湖”。

（三）护航夜间经济发展

“白天经济靠生产，夜间经济靠消费。”夜间经济是现代城市经济的重要组成部分，是促消费、稳就业的重要载体。长沙市2020年规划发展量贩式演艺娱乐场所100家，推进24小时实体书店，打造夜游名片，推出夜游精品路线，形成以“五一商圈”为核心，太平街、坡子街、都正街、黄兴路步行街为辅的“夜间经济”示范区，长沙夜色享誉全国。同时，长沙市为护航夜经济，建立了夜间经济工作联席会议制度和区、街、社区三级夜间经济消费协调机制，成立夜间经济服务中心，开通“夜间经济”公共服务热线，通过“夜间管家”“轮班驻点”“协调联动”机制，营造安全有序夜间消费环境。搭建24小时自助服务厅，开展“15分钟政务服务圈”建设，推出86项高频自助服务事项和“立等可取”“容缺受理”“凡有先例皆可为”等系列举措，设立政务服务“全岗通”窗口，实现“服务不停歇，全年不打烊”。创新推出街头艺人“持证上岗”模式，推行“四容许”“五统一”夜市管理模式，实行柔性执法和审慎包容监管，带动商家入市、群众逛市。2020年，长沙天心区市场主体同比增长24.41%，五一商圈跃居全国11个核心城市最核心商圈客流量的第2位。数据显示，2020年全国夜间消费金额占全天的29.92%。在重庆、长沙、成都等城市，夜间消费占比已经超过50%。长沙热气腾腾的夜间消费，激发了商业活力，在促进消费回补和潜力释放方面发挥了重要作用。

（四）着力解决停车难题

在解决“车位”问题持续用力，特别是在中秋、国庆两个假期前夕相继推出政府机关停车位免费开放措施，让长沙免费开放车位的“朋友圈”越来越大。比如长沙市梓园路湖南省儿童医院对面 10KV 鸿园线 012 电线杆迁移工程的完成，使“新六尺巷”尽头闲置多年拥有近 300 个车位的长沙市第十五中学（以下简称雅礼十五中学）社会停车场达成对外开放要求，成为长沙市党史学习教育“我为群众办实事”实践活动、建设全国文明典范城市、持续优化营商环境的生动案例。现在,小巷入口右侧崭新的墙面镌刻着《长沙新六尺巷记》以及讴歌文明新风的对联、歌谣，新建围墙上则通过浮雕方式展现了孔融让梨、长沙开国大将许光达让衔等礼让故事。在这里，礼让的文明传统与动人的现实故事融为一体，沉浸式体验让人怦然心动，“退一步海阔天空”的道德与智慧更令人深思。“新六尺巷”也有望成为长沙建设全国文明典范城市的全新打卡之地。

从古至今，交通便捷度都是营商环境的重要考量。长沙市这两年将“学位、床位、车位、厕位、梯位”优化工程列为十个重大民生项目重点推进。在解决“车位”问题上，长沙继春节期间对全市公共停车位首次实施免费措施后，中秋节前夕出台机关大院停车位在双休日及节假日对社会免费开放的措施，国庆假期前夕又对免费开放车位范围和参与主体进行再升级，在化解“停车难”问题上不断亮出实招。一方面长沙市发改委出台《长沙市机动车停放服务收费实施细则》规定：道路临时停车泊位收费免费时长由 15 分钟增加为 30 分钟，执行政府指导价的停车场免费时段最低为 30 分钟；国家机关对外来办理业务车辆免费停放时间不低于 2 个小时，社会团体、事业单位及公益、公用企事业单位对外来办理业务车辆免费停放时间不低于 1 个小时；公立医院对与就诊有关车辆免费停放时间不低于 45 分钟；医院周边道路临时泊车位在重要节假日全天免费停放、双休日减半收取停车费，缓解停车难问题。据统计，2020 年国庆假期，长沙最终总计免费开放共 29531 个车位，其中长沙市本级（含政府机关大院、事业单位、公用企事业单位）3123 个，区县（市）（含政府机关大院、事业单位、长沙高新区等园区、街道乡镇）26408 个车位，包括税务在内的垂直管理单位也积极参与。长沙在节假日及双休日免费共享机关企事业单位及街道乡镇的车位，不仅满足了市民出行停车的需求，还进一步方便了市民节假日驾车换乘地铁绿色出行，让市民不用考虑停车费，省心又省钱。另一方面，长沙作为“网红”城市，节假日消费火爆，政府为消费者提供更多的免费车位，进一步促进了景点消费意愿，体现“网红”长沙的情怀和温度，为长沙假日经济、夜经济等添柴加火。

（五）软硬兼施倡导文明旅游

长沙市以文明旅游为主线，统筹全市旅游行业管理工作，使旅游景区服务环境不断优化，旅行社从业人员和游客文明旅游素质不断提升，旅游行业整体文明程度显著提高，形成了旅游工作者文明旅游行政、文明旅游开发、文明旅游经营、文明旅游服务和游客文明旅游出行的全方位文明旅游新格局。

节假日各大景区景点坚持防控为先、积极引导游客文明旅游。如浏阳皇龙峡生态旅游区内，因为拥有大片茂盛的原始森林，对于防火的要求非常严格，除了在检票处严查游客携带易燃物品外，景区内每隔 10 米左右就设置了“严禁烟火”“文明出行”等各类标识标语，提醒游客文明旅游。在溯溪铁索桥处，“每次限过 6 人”的标语提醒游客，排队等待前面的游客过桥。景区每个月会对员工评选一次“文明倡导员”，对游客有举报不文明行为的，也会给予一定的奖励。

随着长沙旅游知名度日益提升，各大景区持续对文明旅游宣传发力，在旅行过程中时刻灌输文明行为，让文明旅游观念渐入人心，游客们自觉排队、爱护环境设施、“人走垃圾不留”，以实际行动守护景区“高颜值”。在果园镇浔龙河樱花谷，设置多种倡导文明旅游的标识牌，道路上干净整洁。在铜官窑古镇，文明旅游引导已经成为景区一个工作内容，工作人员在提供温馨服务的同时，劝导不文明旅游行为，并以身作则，弘扬文明风尚。

除了“软引导”，还有“硬制度”。为全面推进全市文明旅游体系建设，长沙下发《长沙市文明旅游红黑榜管理制度》《长沙市提升公民旅游文明素质的实施意见》等，针对长沙市旅游行业制定了行业规范，不定时进行督导；各景区、景点都设立了规范的志愿者服务站，为游客提供文明宣传、秩序维护、应急救助等常态化志愿服务；建立景区文明督导制度，设立文明监督岗，积极开展文明告知、文明提醒、文明规劝，引导旅客文明游览。同时，各景区还以展板、电子屏、宣传单的形式张贴与播放文明旅游用语、标识，时刻提醒游客在细节中践行文明理念。

三、推行融合发展，丰富景区旅游产品业态

（一）加强文旅资源融合

依托长沙独特资源禀赋，挖掘内涵、打破边界，让“诗与远方”携手前行。整合红色文化资源，将岳麓山、橘子洲、刘少奇纪念馆等串珠成线，打造经典红色旅游线路；整合工业遗产资源，建设湘江欢乐城，让原来的矿坑遗址精彩“蝶变”成世界最大的冰雪乐园；整合休闲娱乐资源，把琴岛、温莎KTV等培育成经久不衰的文化品牌，助推长沙文化娱乐业走在全国前列；整合公共文化资源，创新开展“百村千场文化进万家”活动，文艺进景区、焰火进景区、网红直播进景区等各类融合新业态精彩呈现。

以红色旅游为例，11月14日至11月16日，2020中国红色旅游博览会在长沙举行，会上发布了《红色旅游创新发展长沙宣言》，其一大亮点在于提出融合发展理念加强红色旅游资源与周边自然山水、田园风光、历史文化、民俗风情的整合，做好红色与绿色、古色、彩色的融合与对接，建设综合性旅游体验区，是长沙红色旅游不断增强吸引力的法宝。7月15日，2020年湖南省十大特色文旅小镇授牌仪式在长沙举行，长沙县开慧镇入选，这是继去年浏阳文家市镇入选后，长沙再添省级红色文旅小镇。开慧镇在众多的红色景点中脱颖而出的秘诀是：依托杨开慧故居4A级景区，将红色旅游与绿色田园完美融合，发展特色项目，优化旅游配套，打造一个让本地人眷恋、外地人向往，年轻人邂逅爱情、中年人放松心情、老年人颐养性情的浪漫温馨田园小镇。如今，开慧镇不仅是一张红色经典名片，也成了一张绿色清新美图。2019年，开慧镇接待游客超250万人次。

长沙首个“红色文化历史故事街区”以中国共产党长沙历史馆为核心，串起中共湘区委员会旧址、烈士公园、长沙市一中校史馆、省博物馆等11处红色历史建筑和文博展馆，形成一条红色历史文化公益观光线路，免费向公众开放。游客通过关注“首尚清水塘”公众号，即可实现在线报名，跟随专业解说员走进踏上红色文化之旅。“红色旅游链”的形成，让一个个红色旧址和展馆焕发出新的生命力。

截至到2020年底，长沙通过加强红色旅游资源与周边资源的串联整合，形成了6条红色旅游线路：以岳麓山、湖南第一师范、清水塘、船山学社、新民学会旧址、橘子洲、湘江、杨开慧故居为重点的“情怀体验”之旅；以回龙山、何叔衡故居、

谢觉哉故居、沩山密印寺、青羊湖风景区为重点的毛泽东社会调查历程为内容的“社会调查”之旅；以秋收起义上坪会议旧址、胡耀邦故居、中国花炮博物馆为重点的“工农革命”之旅；以袁隆平杂交水稻科技游、徐特立故居、许光达故居、田汉故居、黄兴故居等为重点的“现代农韵”之旅；以长沙浏阳河风光带、王震故居、王首道故居、中共湘鄂赣省第一次党代会旧址、浏阳河漂流、浏阳大围山为重点的“浏阳名河”之旅；以雷锋故居、花明楼刘少奇故里、灰汤温泉为重点的“修身养性”之旅。

与此同时，长沙突破旅游业内自循环的闭环，跳出旅游谋旅游，打出产业融合的组合拳，全面推进“旅游 +”战略，激活产业发展的新动能。2020 年长沙在共同推动文化旅游产业与工业、农业、现代服务业等业态融合发展，与乡村振兴、扶贫开发、生态保护、区域协作等战略协同迈出新步伐。“旅游 + 农业”成效明显，涌现出百果园、湘都农业生态园、稻花香农趣园等一批龙头企业，解决农民就业，帮助农民提高致富技能。“旅游 + 工业”方兴未艾，加加酱油博物馆、格力智能家电体验中心、中粮可口可乐工厂的参观体验者意犹未尽。仅长沙经开区工业旅游企业一年接待游客就达 8 万多人次，创收上千万元。“旅游 + 体育”供需两旺，越来越多的国内国际赛事走进长沙，全国知名的体育休闲之都和体育旅游目的地呼之欲出。还有“旅游 + 文化”“旅游 + 教育”……研学游、康养游等新业态不断衍生，旅游产业从静态、单一形态向动态、多元化发展，产业链条不断延伸，相关产业和谐共舞。近两年，长沙累计接待乡村旅游游客 8930 万人次，实现乡村旅游收入 717 亿元。通过解决贫困人口直接或间接就业，实现 17 个乡村旅游扶贫重点村整体“摘帽”和 19210 名贫困人口脱贫。

春光融融，长沙市发布“市民最爱的春季赏花地图”，红樱文化节、油菜花节、荷花节等节会游客如云。在长沙县春华镇赏油菜花，还能体验现场磨豆腐，参加田园足球赛、摸鱼比赛。悠悠夏日，清凉避暑类等旅游产品好戏连台。在浏阳大围山，白天登山溯溪、漂流冲浪，傍晚纵情啤酒音乐，在山顶营地安营扎寨，望星赏月。秋意绵绵，赏秋色品民俗的同时，水果采摘、美食品鉴一一奉上。在望城区乔口镇，蟹主题亲子活动、美食达人直播秀等精彩上演。冬情脉脉，灰汤温泉美食节、大围山户外滑雪节、百果园篝火节最为应景。4 场主活动 100 余场系列活动贯穿全年，季季有主题、月月有活动、期期有精彩，为游客提供最权威的长沙乡村游攻略、最诚意的乡村游消费折扣、最地道的乡村美食特产和最具特色的民俗文化盛宴。

随着吃、住、行、游、购、娱等旅游产品日益丰富多彩，已从看一回风景、吃一顿饭，开始感受从“观光游”到“度假游”、从“住一夜”到“玩几天”递进式的体验。

（二）加强文旅设施融合

让基本文化消费得到保障，多元文旅消费得到满足，高端文旅消费得到供给。这是长沙文旅景区发展的目标，也是长沙文旅消费的顶层设计。

统筹各类文旅设施及服务，让每个群体都能找到相适宜的文旅消费。实行公共文化场馆全部免费开放，让基本文旅消费更有保障；发展77家非国有文化场馆，组建10大民营艺术团体，推出休闲度假游、乡村生态游、红色研学游等文旅产品，让多元文旅消费更有选择；每年投入近3000万元向长沙音乐厅、梅溪湖大剧院购买服务，确保每场自营演出均为惠民票价；艺术教育普及演出，如“打开艺术之门”系列演出最高票价不超过100元；公益类演出制定10～20元超低票价，或有针对性免费赠票，用政府补贴手段降低票价。举办国际音乐艺术季等文旅活动，推动省市攻坚长沙交响乐团迈出坚实步伐，中外著名城市交响乐团长沙峰会永久落户长沙，让高端文旅消费供给更有魅力。

作为全国首批六个国家公共文化服务标准化示范地区之一，也是湖南省首个文化小康城市，长沙30个公共文化机构文旅融合一体化示范点建成后全部对外开放。这些依托公共文化机构阵地，在完善文化设施基础上，采取改扩建或新建的办法，优化功能布局，增设旅游咨询服务，全新打造成的主客共享新型文旅空间，实现了多种文旅服务的打包整合：既是公共文化服务中心，又是新时代文明实践所，还是文创产品展示中心，更是旅游咨询服务中心。

长沙市雨花区跳马镇综合文化服务中心更是将现代化、智能化融到基层文化建设当中，做到真正体验走近生活、文化走进民心。在这里，不仅设有培训教室、书法室、棋牌室、服装室、图书室、多功能室，还设立了雨花区传统文化展区、两型展厅等。信息技术同样是吸引游客和居民的一大利器，VR自行车骑行石燕湖、VR战马等体验设备吸引了不少市民和游客前来体验，感受文化和科技带来的全新体验。雨花区文旅体局副局长陈珊介绍，2020 年 6 月，原来是跳马文化站改造升级成为雨花区文化馆二馆，也是雨花区首个智慧文旅示范中心。为满足不同游客需求，综合文化服务中心大厅设有接待台、休息区、雨花区旅游景点预约系统等实用功能区。馆内还特别设立了“雨花区特色旅游线路移动滑屏”，方便市民游客 360° 观看特色景点和网红打卡地。在大数据指挥中心，还可以实时了解雨花区各个景点和场馆的人数及活动开展情况。根据长沙市公共文化机构文旅融合示范点建设要求，示范点不但要保留原有的阅读、培训、演出等公共文化服务功能，还要打造成区域旅游服务的“前台”，既要能免费提供旅游信息咨询服务，包括现场咨询、电话咨询、网络咨询服务等，还要能提供满足市民游客个性化需求的“菜单式”服务，包括当地餐饮住宿门店的预订，团队拓展、党建活动、研学活动的组织策划服务等。此外，还要能收集对旅游设施和服务方面的意见建议，接受旅游投诉和旅游求助。例如，洋湖街道白鹭府社区综合文化服务中心有一个更文艺的名字——岳麓文旅洋湖驿站，其通过整合岳麓优质文旅资源，完善设施、功能和服务，开发个性化的旅游线路和产品，提供公共交通和信息咨询服务，在提升“网红打卡地”人气的同时，也把自身打造成了岳麓文旅融合的美学样板。为助力石燕湖景区创建 5A 级旅游景区，跳马镇综合文化服务中心下一步将把石燕湖景区游客服务中心部分功能延伸过来。又例如，位于长沙县福临镇的福临文化站曾被评为全国优秀文化站，如今，当地依托福临文化站新建了福临驿站，已接待游客 52 万余人次，文化站焕发了新的生机。驿站引入本地文化和旅游企业湖南福影旅游管理有限责任公司入驻，负责全镇旅游资源的整合、包装、策划，并发挥旅游集散中心和综合服务的功能，将各种分散的资源进行整合统筹和利用。如整合文化站、树湘广场、树湘故居等阵地，优化旅游线路；与开慧、金井、青山铺等县内其他红色资源实现互联互通，形成规模效应；整合镇内餐饮住宿门店和特色农产品企业，实现一条龙服务。近年来，驿站已与 20 家餐饮住宿门店、10 余家农业企业、多家景点达成合作协议。影珠山生态山庄负责人介绍，与福临驿站签署长期合作协议后，山庄营收预计增长 20%。在开福区沙坪街道，依托沙坪文化站建设的沙坪文化旅游中心，不仅成了“游客与景区”的对接处，更成了“游客、景区、景区内文化企业”的联络点。文化旅游中心开辟了一个 30 平方米的直播间，免费提供给景区内有直播需求的企业，尤其是湘绣企业。

截至2020年底，长沙市建有公共图书馆10个，文化馆10个，全市所有乡镇（街道）、村（社区）均建有综合文化服务中心。通过打通文化惠民“最后一公里”，积极构建城区“15分钟公共文化生活服务圈”，实现了基层文化“读有书屋、唱有设备、演有舞台、看有影厅、跳有广场、讲有故事、创有指导、学有辅导、联有网络、办有经费”的“十有”目标。建设高标准的公共文旅设施，丰富公共文旅产品，实现消费供给多元化、消费群体全覆盖，极大提升了游客和市民的幸福感，在针对城市治理能力和社会服务的21项满意度指标中，长沙在公共文化服务的满意度排名全国第一。

（三）加强文旅创意融合

在乡村旅游景区发展方面，长沙市更新理念培育创客，更加重视轻资产引进，把人才请进来，让文化走出去。通过不断优化的创业优惠政策，如今，越来越多的创客来到长沙乡村创客基地逐梦。靖港古镇中，已分不清哪些是原住民，哪些是外乡客；铜官老街上，当年因古镇衰落远走他乡的刘坤庭、周世洪等陶瓷艺人回乡创业；皮影戏传承人朱国强国庆假期连轴转，曾经失去拥趸的皮影戏，如今在新康得以回归。乡村创客是推动乡村旅游转型升级、创新发展最有生机的一股力量。

11月，SMART文旅创客大赛暨乡创峰会在长沙成功举办，搭建了学者、专家、企业家交流的平台，以及旅游创客创作创业的平台。在环长沙都市游憩带，一批乡村旅游创客示范基地得到认定和扶持，铜官窑景区更是摘得“中国乡村旅游创客示范基地”荣誉。在这些创客基地，一个个项目培育孵化，落地开花。长沙县浔龙河生态艺术小镇，浔龙河乡村文化创客社区把高国友的“地球仓”之梦照进了现实。经一年时间研发的“地球仓”移动式智能生态小屋在浔龙河一亮相，便吸引了众多游客前来探秘“尝鲜”。4根桩基深扎泥土，依山势“镶嵌”于树林里的小屋，仿佛自然生长，与周边环境融为一体。屋内充满科技感、时尚感，通过智能化遥控，沙发、茶桌、床收放自如。墙体玻璃设计，室外风景一览无余。三生糯古法米酒创始人王聪，辞去深圳工作回乡创业，还原米酒的老味道，让游客找到了童年的记忆；溆浦县人谌鲲鹏将花瑶元素注入湘江古镇群，开花瑶民宿、做花瑶美食，游客品的是民俗。美景、乡情、湘俗、湘品，“养在深闺”的湖湘名片插上旅游的“翅膀”，从长沙走向世界；而越来越多游客，从世界来到长沙，在古镇过传统的节日，来乡村体验向往的生活。

四、打造品牌，提升景区知名度

（一）借助影视效应

宁乡市煤炭坝镇竹山塘工业遗址公园拍摄大型史诗电视剧《共产党人刘少奇》，在长沙举行的第30届中国电视金鹰奖颁奖晚会上荣获优秀电视剧奖。竹山塘工业遗址公园内绞车房、矿井架、老烟囱、主副井、选煤楼、办公楼、生活区以及不同时期采煤工艺的炮采、普采、综采等一系列采煤工具、机械设备，吸引一拨拨游客前来打卡。近年来，长沙以毛泽东诞辰120周年、胡耀邦诞辰100周年、抗日战争胜利70周年、长征胜利80周年等为契机，积极促成《恰同学少年》《毛泽东三兄弟》《红流》《红色政权》《长沙保卫战》《战长沙》《青春激荡的岁月》等红色题材影视剧在长沙开拍，通过影视联动极大提高了景区知名度。

湖南省文化和旅游厅与湖南广播电视台合作，共同打造了全国首档脱贫攻坚、乡村振兴文旅纪实类节目——《乡村合伙人》。项目自2018年8月启动，制作周期长达1年，深入湖南省26个县市，走访了243个村庄古寨，用26个特色乡村编制了26期节目，每期节目30分钟。节目于2019年2月1日首播，每周五下午17:20播出，播出周期6个月。每期节目邀请3位嘉宾，以“乡村合伙人”的方式走访一个选定村，通过深入了解当地乡村发展的现状和特色，帮助当地找准其发展面临的问题，提出解决方案和措施。该节目在湖南多家电视频道和平台同步播出，成功对全省的乡村美景美食、民风民俗进行集中宣传展示。精准选择特色乡村，挖掘湖南乡村优质文旅资源。在节目策划阶段，湖南省文化和旅游厅与节目制作团队多次专题研究，并深入全省200多个乡镇特色乡村实地考察，对全省乡村旅游情况、特色地域文化、文旅开发潜力等进行全面了解。经过充分调研，精选了26个特色乡村作为节目主角集中宣传推广。借助湖南卫视品牌，提升推广传播效果。按照“综艺＋文旅”的模式，依托湖南卫视这一平台，聚焦乡村纪实节目，实现了“综艺＋文旅”的跨界融合，在真实中兼顾了综艺节目的生动情节，打造了湖南乡村旅游的全新内容IP。在推广渠道中，增加了微信公众号、微博等新媒体平台，充分利用了电视媒体与互联网端、移动端相融合的全媒体传播优势，极大地提升了传播效果。

（二）举办节庆活动

2016年、2017年连续两年举办中俄红色文化旅游节，纪念刘少奇诞辰120周年活动，通过举办“红色记忆”大型主题晚会、“勿忘国耻 圆梦中华”纪念抗日战争胜利70周年大型群众合唱比赛等各类文艺活动，追寻少奇足迹——全国刘少奇纪念地联合展览、纪念胡耀邦同志诞辰100周年油画艺术展等主题展览等形式，使红色文化宣传年年有活动，红色基因得到传承。

10月1日至10月3日，湘江欢乐城欢乐雪域特别策划“国风次元节”主题活动，欢乐雪域被装点为民族经典国风与现代潮流的创意混搭，古灵精怪的玉兔仙子、风姿绰约的嫦娥、才情俱佳的杨贵妃，让从来自南方的游客们不住赞叹，而去长沙看老街风情逐渐成为越来越多的游客心中的国庆打卡项目。除此之外，炭河古城的“千古情辣椒节”、华谊兄弟（长沙）电影小镇的“镇上有个音乐节”、华强方特东方神画的“玩转国潮”、新华联铜官窑古镇的首届“千灯节”等，近年来陆续开业的重大文旅项目分外抢眼，这些文旅项目形成新型文化集群，实现文化与旅游、商业、体育、科技的融合，成为假期的人气集聚地。新景区的崛起，丰富了旅游业态，让“快乐长沙”更有了现实依托；而老街巷的更新，留住城市记忆，“韵味长沙”让人更加流连忘返。近年来，长沙启动实施老城区有机更新，探索出一条“以留为主，留改拆并重”的新路子，优化了城市空间功能，保留了老城区街巷肌理，中心城区城市人居环境得到明显提升，有机更新赋予了长沙老城区新的生机和活力。在西园北里古巷漫步，寻找党建地图的来历和老长沙的故事，到登隆街看张灯结彩、感受民风古朴，到白果园公馆人家访古问幽，再看都正街华灯初上、坡子街美食汇聚、太平街游人如织、化龙池热闹非凡，长沙老街让来自各地的到访者都久久回味。

长沙县田汉艺术小镇、浏阳幸福屋场特色小镇、宁乡道林古镇、望城贝拉小镇等一批旅游特色鲜明的风情小镇，成为长沙乡村旅游纵深发展的典型代表，也为全域旅游示范基地建设注入生机。

五、规划引领，加强景区提质建设

（一）做强文化园区

坚持特色发展，聚焦主导产业，成功打造马栏山视频文创产业园、国家文化广告产业园、后湖国际艺术区等一批特色鲜明、功能完备、富有活力、效益明显的文化产业园区，聚焦规模以上文化企业 1017 家，文化园区总产出达 2100 亿元。其中马栏山视频文创产业园共引进市场主体 1141 家，获评国家级文化和科技融合示范基地。

（二）做优文旅小镇

着眼全域旅游，挖掘独特文化基因，因地制宜打造特色文旅小镇、关山古镇等一批独具魅力的文旅小镇，文旅小镇旅游总收入达 160 亿元以上。特别是集中打造湘江古镇群、到新康看戏、到双堂润墨、到丁字赏石"的特色品牌旅游，"伴水而生、临水而建、因水而秀"的湘江古镇群已成为湖湘文化大展厅。开慧镇围绕长沙县"强南富北"三年行动计划编制调研工作的要求,制定了该镇"强南富北"三年行动计划,将深入推进"生态美镇、文化名镇、产业兴镇、旅游强镇"四大战略。每年投入 500 万元以上用于美丽乡村和秀美组建设，重点在飘峰山村、葛家山村、白沙村、锡福村等村铺开，围绕骄杨路、红色旅游线、金开线、黄兴大道北延线开慧段等镇内主干道沿线开展房屋风貌提质改造和环境整治工程，形成 4 条主干道沿线的美丽乡村风光带。同时，该镇还将打造"十百千万全域旅游工程"，即打造 10 个精致精美的乡村旅游接待点；建设 100 个产业园，包括水果产业园、樱花园、薰衣草园、水稻栽培示范园、民间艺术收藏园、家居文化产业园、乡村民俗园、健康养老产业园等；建成 1000 户有特色的农家餐饮、农家民宿、生态农庄等。此外，该镇将升级镇域快速交通网络，形成三纵（京港澳高速、107 国道、黄兴大道北延线）、两横（金开线、骄杨路）、两内环（开慧片红色旅游环线、白沙片水果采摘环线）的交通经济圈；探索建设"智慧乡镇"综合平台，实现镇域内无线 Wi-Fi 全覆盖，旅游接待点目的地导航全覆盖，智能导游全覆盖，核心景区订餐、住宿、停车位等查询全覆盖等功能。现在如果用一个词形容长沙市开慧小镇，"钟灵毓秀"

最为贴切，这里既有如飘霄汉的飘峰山，又有千年聚灵的湘峰寺；自然风景秀丽，文化底蕴深厚，有看不尽的风光，也有说不完的故事。

（三）做精特色街区

坚持精心设计、精致建设，结合棚户区改造、老城区有机更新，重点打造特色精品街区，太平街、坡子街、黄兴路步行街等30多条历史文化街区和特色商业街区，为文旅消费提供时空载体，让每一位到长沙的游客在不经意间就能深深感悟湖湘文化的厚重底蕴，细细领略街头巷尾的“烟火人生”。近年来，长沙启动实施老城区有机更新，探索出一条“以留为主，留改拆并重”的新路子，优化了城市空间功能，保留了老城区街巷肌理，中心城区城市人居环境得到明显提升，有机更新赋予了长沙老城区新的生机和活力。在西园北里古巷漫步，寻找党建地图的来历和老长沙的故事，到登隆街看张灯结彩、感受民风古朴，到白果园公馆人家访古问幽，再看都正街华灯初上、坡子街美食汇聚、太平街游人如织、化龙池热闹非凡，长沙老街让来自各地的到访者都久久回味。

六、与时俱进，电竞文创融入长沙文旅

随着电竞运动的发展和电竞赛事场馆运营、电竞酒店等新业态的不断出现，电竞运动和文旅消费的结合越发密切。为此，长沙市文化旅游广电局与腾讯公司联合主办，湖南广播电视台公共频道协办，长沙市旅游景区协会、长沙文和友承办的“秋之颂 赏长沙”文旅消费季电竞文旅消费节暨和平精英四排节活动。长沙电竞文旅消费节以“电竞文旅，和平湘遇”为主题，由腾讯公司携手长沙本地品牌，通过线上线下互通联动，旨在吸引更多电竞爱好者汇聚长沙参与电竞文旅活动。同时，围绕“电竞IP＋城市文旅”还将开展一系列城市合作。此次长沙电竞嘉年华暨和平精英四排节活动立足于和平精英四人组队的游戏玩法，以四排节“四排组局”为核心概念，号召玩家组队前往线下进行互动。本次活动联动长沙本土400多家品牌门店及景区，打造涵盖线上长沙城市擂台赛、线下擂台表演赛、本土品牌商户沉浸式电竞体验、景区打卡联动等多元电竞体验项目，构建数字IP消费新场景，实现电竞游戏与线下文旅的创新发展与共赢。《和平精英》在超级文和友、

海信广场等长沙核心地标落地虎牙直播和企鹅电竞两场电竞擂台赛，以人气主播与现场玩家组队的形式展开激烈竞技，进一步激发电竞爱好者的参与热情。同时，《和平精英》以“同坐四排‘方桌’，畅玩和平精英”为主题，同步举办线上擂台赛，邀请全民玩家参与线上对局，共享极具城市人文特色的新奇游戏体验。此外，《和平精英》还在长沙地标景区、品牌商铺中打造沉浸式四排场景线下体验活动，通过设置老友集结、四排对战、任务探索、情景打卡、美食任务探索等丰富的实景四排挑战内容，推动核心游戏玩法与城市人文的深度融合，掀起以千万级核心粉丝群为支撑的打卡消费热潮。除了创新线上线下互动形式，依托腾讯渠道资源，本次活动还以短视频、宣传片、虚拟 IP 人物代言等新兴传播手段，以年轻人喜闻乐见的方式推广长沙文化和地域特点，助力长沙独特城市形象的推广传播。

第四节　长沙市酒店行业重振的主要经验和典型做法

一、立足本土，精致的本地度假酒店产品受青睐

自2020年暴发新冠肺炎疫情以来，酒店行业市场发生了很大的变化。越来越多的消费者开始习惯在‘家门口’度假，并把酒店当成一个重要的目的地。在疫情防控常态化下，随着本地深度游和城市周边游市场的持续走热，酒店已然站上了本地度假市场的风口。

（一）不同层级的消费人群对酒店的需求不同

从同程研究院提供的数据来看，预订本地度假酒店的游客中，亲子游客占比最高为31%。亲子游客挑选酒店时，往往倾向于选择服务设施较为完备的度假酒店。值得关注的是，年轻情侣“宅酒店”的比例在逐步提升，已经占到本地游客的27%。同时，年轻游客假期的休闲方式日趋个性化和多元化，一些主题酒店备受青睐，到长沙周边酒店泡温泉、私汤也成为周边游最应景的项目。温泉主题酒店的颜值、汤池种类、水质清洁度、美食品类、其他娱乐配套设施等都成为年轻消费者对此类酒店是否有好感的评判标准。

在长沙本地周边游中，2天1晚的“酒店+温泉+自助餐”的套餐产品最受欢迎。后疫情时代越来越多的城市度假酒店推出丰富的“酒+X”的产品，不仅更好地满足本地消费者场景化的娱乐休闲需求，也延长了酒店周边旅游消费产业链。从消费产品来看，酒店提供的住宿及餐饮的一站式服务产品受到更多消费者的喜爱，凸显价格优势的精选服务酒店因性价比高而预订火热。受长沙本地游客欢迎的酒店产品主要有以下几类：首先是有环境优势且品级高的酒店，特别是酒店自身或周边旅游产品类型丰富、内容组合性强的酒店。其次是轻松时尚的酒店，具有酒店环境幽雅、功能特色鲜明、客房舒适度高等特点。最后是分享价值高的酒店，包括酒店设计的场景、故事、服务具有IP价值，形成亮点，有可触动、可分享、可讲述、可炫耀的特质。“酒店+”已成为酒店建设中值得关注的问题，酒店产品

设计已突破原有建筑空间的边界，更为强调 1+1 ＞ 2 的创意理念。

（二）度假酒店如何在本地市场营销方面有新突破成为业界焦点

当“微度假”“宅酒店”一次次被用来表述消费者当下的度假方式时，意味着长沙城市国内旅游正在从以资源为导向的观光模式向以旅游住宿为核心的目的地休闲度假模式转变，以往游客“宅酒店”就是简单地待在酒店客房内，而如今的“宅酒店”被赋予了更多的期望。客人开始以酒店产品的丰富程度来把握度假行程的节奏，以酒店为枢纽划定休闲度假的辐射范围，以延伸酒店体验为需求来拓展其他消费，以酒店服务感受为主体形成最终满意度。这就需要酒店在做市场策略时，一方面，要考虑酒店自身功能、氛围、场景、服务等要素建设，另一方面，还须考虑酒店和周边其他资源的整合链接，从更大范畴和层面开展共享、共创、共赢的产品体系建设，从而形成“微度假目的地”产品体系。城市高端酒店可以设计出高中低三个价位和档次的亲子家庭套餐，并根据不同价位和客户群，开设不同的餐厅和楼层，开发的产品与服务也应因价而异。锁定本地客人就以亲子家庭套餐为主，并不断推陈出新，不应将其当作应付疫情危机的权宜之计。高端酒店可以在非黄金时间段面对收入水平相对较高的城市白领推出相关产品，缩小套餐产品与酒店档次的差距，减少对会员群体与忠诚客人可能产生的伤害。酒店对产品可以进行大胆的尝试与创新，但前提是不影响酒店的整体经营和顾客的整体体验，“酒店在推出产品后，首先应设定好最大承接范围，根据自身接待能力供给产品”。顾晓春说，酒店可以不局限于酒店内部，而是将卖点关联至窗外的风景及其附近商圈。另外，酒店在进行产品打包时，不一定只局限于“住宿＋餐饮”，可以根据自己的特点进行创新，并根据网评内容对产品进行调整。

（三）OTA 撮合酒店结合本地优质旅游资源联合推出套餐类产品

同程研究院负责人认为，城市度假酒店想要获得更多的溢价空间，增强盈利能力，就需要让酒店产品的主题性更鲜明，贴上特色“标签”，具有更强的辨识度。酒店布局城市度假市场时，应注重产品的定位及主要客源结构的筛选，设计特色产品、制定亲民价格、注重人性化服务都需要在市场策略中体现出来。尽管是本地客人，他们在入住酒店时，大多也是为了体验“慢”生活的方式，酒店为客人找寻从内到外放松惬意的感觉。

（四）城市度假酒店的市场策略更侧重数字化平台产品的布局和销售

通过数字化平台产品的布局和销售更加方便酒店与消费者沟通，节约时间成本，同时也便于酒店根据不同购买力的消费市场，对产品价格及时做出调整。儿童经济的蓬勃发展为亲子酒店的发展注入了新活力和新动能。长沙周边城市度假酒店在市场策略上，更多的关注亲子游市场，在丰富亲子游产品组合基础上，考虑多年龄、多时段的度假市场构成，营造场景主题化的度假空间，提供有仪式感的特色服务形式。城市度假市场已经是一个成熟的市场,酒店针对该市场进行布局，重塑客源结构、调整空间布局、改变产品体系等，让酒店产品在后疫情时代立足。

二、高端酒店持续向下，经济型酒店突围下沉市场竞争

（一）早期的下沉市场竞争成经济型酒店的“独角戏”

2020年的三、四、五线城市，自带的低价、薄利等标签，击退了中端及高端酒店品牌进场的脚步，由于疫情的影响，在酒店行业之内，中端酒店之外，经济型酒店在下沉市场迎来了新竞争对手——高端酒店，究其原因主要是：其一是消费端，回流青年、信息渠道带来的品质消费风潮。最初，下沉市场的消费3大关键词是，“价格敏感、娱乐化、熟人社会”。除了这三个词之外，品质成了下沉市场的重要新特征。部分产业的有序转移，部分小镇青年从一、二线城市回流下沉市场，也把原本的消费习惯一同带回了家乡。同时，得益于短视频及直播电商等信息渠道的畅通，海量的商品信息以及价格扑面而来，弥合了信息鸿沟，下沉市场消费者不再盲目追求低价，就此开启了酒店的品质消费风潮。其二是投资人，多元化选择下，透视品牌的盈利模式选择。一个行业公认的事实是，下沉市场的投资人越发专业和落地。仅仅依靠品牌过往的辉煌，已经很难打动下沉市场的投资人。毕竟跻身下沉市场的酒店品牌，给了投资人足够大的选择空间。下沉市场的投资主体也在悄然变化中，虽然现在大部分三、四线城市的酒店投资人仍是以首次创业做酒店的人为主，但是随着品牌的下沉，一、二线城市的公司加盟行为，如一个加盟商加盟多个酒店的情况，将会在三、四线城市出现，长株潭一体化发展，

这种现象更为明显。这样一来，投资人可以同时对比多个加盟品牌的门店经营情况，深入考量不同品牌在下沉市场的盈利模型表现情况，不断优化投资行为。其三是品牌方，百家争鸣带来的竞争持续内卷。大量酒店品牌的进入推动下沉市场竞争持续内卷。一方面是等级的内卷，经济型酒店之外，中端及高端酒店品牌陆续进场。如此一来，下沉酒店市场出现了清晰的分层竞争，表现趋向一、二线城市。另一方面是产品的内卷，为了契合下沉市场的多元化需求，酒店产品不再是标准化的“一招鲜吃遍天”。

（二）下沉市场的消费者画像日益明晰

近年来各大消费品牌的表现数据越发具体，虽然收入水平不高，但是可支配用于消费的收入，远比想象的要高得多。价格多少之外，他们更重视商品的价值高低。因此，为了更好地满足消费者的需求，世御酒店的做法是预先了解当地市场的消费者构成，并根据其不同的消费偏好，对空间设计与服务进行个性化调整，实行一城一策的差异化经营模式。酒店进入下沉市场不仅是一场“持久战”，更是件“精细活”。消费者主权时代，下沉市场对酒店住宿产品的要求自然不会放低。如此一来，原本的一些有意在下沉市场“降维”的酒店产品，就失去了部分消费者。与此同时，投资人也在愈发专业和成熟。双重作用之下，进入下沉市场的酒店品牌既要保证产品品质，同时也要实现投资人的投资预期。事实上，无论是下沉市场近年来的多重变革，或是如世御酒店等高端酒店品牌创新玩家的出现，共同指向了同一件事——下沉市场不甘愿被固有观念捆绑，而是期待着更多可能性。

在被称为“理想生活发生器”的酒店行业中，数以百计在下沉市场发力的酒店品牌，需要具备这样的势能，打破禁锢，重构竞争规则。首先租赁投资模式不适用中高端酒店市场。中高端酒店的特性就是需要更大的体量、更高的投资，按150间客房推算，整个酒店开业需要投入3000万元的资金。中高端酒店的平均入住率无法达到一些经济型酒店或者中档酒店变态的高入住率。中高端酒店的人房比需要进一步提高，因为要匹配到符合这个价位的服务。中高端酒店体量基本在8000平方米以上，这需要承担的租金压力非常大。在这种情况下，依旧希望3至5年回收成本的酒店投资人不能再心存幻想。所以，越是高层次的酒店，越需要重新定位酒店投资思维，酒店不再是投机复制的商品，而是一种资产包。中高端酒店适用于自持物业和资产的投资属性，是一种最优的投资方案。相对比高星级酒店，具备很好的财务模型。高星级酒店投资成本高、造价大，盈利的屈指可少。而自持一万方，造价三千万，与动辄投资上亿的高星级酒店比，性价比还是非常不错的。中高端酒店的投资本性是向上比，而非向下比，大多数做经济型酒店和中档酒店的投资业主及从业人员是无法理解这种思维。中高端酒店的运营思维是在星级酒店的管理上做减法、配套上做减法，基本的服务和硬件依旧是要达到星级酒店标准。不再建议在经济型酒店或者中档酒店的基础上做加法，那样的核心思维依旧还是经济型酒店思维，是做不好中高端酒店的。中高端酒店的核心是高水准的服务理念，能承上启下的全局揽收作用。就是既能满足原高星级酒店客源的入住需求，也能满足原经济型、中档型酒店客源对价格的敏感度，也能满足特有的投资回报。中高端酒店是服务于外溢的高星级酒店投资商，不是满足于经济型酒店投资人的投资升级需求。大部分的经济型酒店投资人可以转型去做中档酒店，经济型酒店的管理人员也可以升级去管理中档酒店。但是经济型酒店的投资和管理对于中高端酒店不再适用。中高端酒店是当下市场发展的主流，需要从投资模式和运营上继续探索，中高端酒店也需要快速复制，这就是需要相对标准化的产品设计和运营理念。随着市场的进一步发展，多元化酒店投资是当下的主要议题，中高端酒店作为城市酒店投资市场的主流，会在接下来的十年深度影响着城市酒店的发展方向，在国际品牌继续下探，国内品牌继续上探的路上，市场竞争会越来越激烈，想通了模式，就能做好酒店，未来的酒店投资不再适合所有人，在后疫情的背景下，把握住时代趋势，才能找到下一个方向。

三、挖掘地方特色，本土酒店迎来新发展

（一）国产品牌在旺盛的爱国思潮下备受推崇

首先，伴随着中国经济和国际地位的提升，“洋品牌”在中国市场不再拥有主导权。其次，年轻一代消费者的出现，让个性化、多元化的消费需求成为主导。国际酒店品牌和本土酒店在品牌上的差异性被缩小，而酒店产品的特质被放大。最后，长沙本土酒店集团数十年如一日的耕耘让优秀的企业形象深入人心，已经形成了可靠的消费信赖度。如华天酒店集团、长沙通程国际大酒店、长沙神农大

酒店、长沙九所宾馆等，在疫情期间均得到了消费者的广泛认可。在趋于连锁化、品牌化的酒店行业趋势下，市场规模的开拓需要更加创新的思维。从市场角度来看，过去的酒店市场以一、二线为主，呈现大面积铺设的状态，但是在房价上涨和土地稀缺的环境下，一、二线城市周边的卫星城乃至三、四线及以下下沉市场却成为市场拓展的主要阵地。

（二）单一的品牌加盟模式已经无法满足业主和投资人的需求

从管理模式角度来看，他们需要更加多元化的管理模式，从而获得更高的投资回报率。对于后疫情时代的酒店经营而言，营收依然是评价集团长期价值的重要指标。不少酒店单店和品牌进行了盈利模式的新尝试，如开拓酒店内的新零售，增加健身房和餐饮的对外销售，乃至进行跨界联合进行 IP 营销。这些方式尽管从短期来看可以获得一些收益，但从长期来看更像是“小打小闹”，想要获得更加具有长尾价值的收益增长曲线，更需要充分发挥集团优势。多品牌战略一直是近年长沙头部酒店集团发展的核心战略之一，这与长沙酒店市场的发展有着分不开的关系。在过去的几十年中，国际酒店品牌作为舶来品受到极大推崇，本土酒店集团品牌意识淡薄，而经济型酒店的黄金十年催生了第一批极具标识性和价值的酒店品牌。酒店集团想要打开市场，单一的酒店品牌是远远不够的，多个主力品牌共同发力才更加具有竞争力。对于长沙酒店产品的未来发展，酒店不再是住宿空间的结合体，而是生活方式的体验中心，而生活方式的多维化正是符合年轻人需求的酒店产品的发展方向之一。聚焦于集团价值，聚焦于品牌价值，聚焦于产品价值，为后疫情时代的消费客群提供更美好的生活方式才是酒店的核心逻辑。

四、开发产品附加值，提高酒店性价比

长沙酒店基于数字化运营或运营大数据分析，来发现客人更多的需求，以此开发产品新的附加值。如携程、美团、飞猪等 OTA 的后台数据，帮助酒店来实现大数据分析。为了多维度和更精准地发现客人的需求，使用携程的“众荟”或美团的“公明收益”分析工具来获取更充分的数据，更精准地发现客人的每一个需求。在客房、餐饮和康体等产品方面为客人设计出更多新的附加值服务，如金钥匙、

儿童房、婚宴套餐、亲子套餐、自拍环境的创造等，通过提高产品性价比和市场竞争力来提高获客能力。

五、寻求新的细分市场，在疫情市场中获利

（一）隔离酒店成为部分中低端酒店在疫情常态化发展状况下的生存之道

挖掘新的细分市场群体将成为酒店新的生存之道，疫情市场中，酒店面临的严峻问题是因市场需求断崖式下降而导致的经营亏损，而下降的需求又多来自传统的细分市场。组成这些传统细分市场的消费群体通常受新冠肺炎疫情的影响很大，当疫情发生时，购买力往往会随之大幅度下降。因此，挖掘新的细分市场群体以适应疫情常态化市场，将成为酒店新的生存之道。

例如，北京某酒店通过大数据发现，每当疫情发生时，都会有家住天津或河北环京区域的人员入住酒店。这一群体客人不仅购买价格适中，而且住的时间较长，多数住到疫情防控结束才离店。这主要源于疫情期间对离返京人员的严格检查，为避免路途耽误太多的时间，他们选择了入住北京的酒店。不难看出，恰恰是疫情催生了这一细分市场，使之成为酒店疫情期间创收的主要客源群体之一。隔离酒店出现于 2020 年疫情暴发之初，当时的武汉为了防止疫情进一步扩散，征用部分酒店隔离密切接触者，后来全国各地借鉴了这一做法。

2020 年隔离酒店分为两类，一类是随疫情波动机动运行的，具有临时性；另一类是用于接待出入境人员的定点场所。隔离酒店已承担起重要的防疫职责，积累了大量防疫经验，酒店员工在工作中也更加得心应手。隔离酒店应具备以下几个条件：一是隔离酒店的位置要与定点收治医院或机场、火车站的距离适宜，方便救治或减少运送压力；二是隔离酒店的出入口应相对独立，交通方便，不能与周边社会业态或社区共用一个通道；三是隔离酒店空间能满足生活区、医学观察区、物资保障供应区和工作人员通道、隔离人员通道，所有的流线不能交叉重叠；四是从设施设备角度看，隔离酒店要有一定规模的客房，客房内均有独立的卫生间和可开启的外窗，客房地面不可为地毯，以硬质瓷砖或木地板为佳。客房最好采用分体式空调，采用中央空调的，特别是采取集中回风处理的，要关闭所有空调机组，关闭回风阀。酒店每个房间应有新风和过滤系统，优先开启外窗自然通风。

电梯不少于 3 部，清晰地划分为客用电梯、服务人员送餐专用电梯、污染物（垃圾、使用过的布草）运送电梯。同时，隔离酒店的下水系统应有专业的处理设备与功能，防止污水直接排放至城市管道系统。为了防止病菌传播，隔离酒店还要有科学、严格的垃圾回收、处理系统。各项设施必须符合国家现行的建筑安全、消防安全、抗震防灾、城市建设、环境保护等标准要求。位置不能处在闹市区，学校或者老年人招呼场所周围。

隔离酒店成为部分中低端酒店在疫情常态化发展状况下成为新的增长点，但是也会存在着相当的需要解决的问题，因此隔离酒店和当地卫生防疫部门要提前明确双方的权限和职责。比如，非专业人员的培训工作，为隔离人员办理入住和退房、配餐、送餐、递送生活必需品，相关区域的消杀、垃圾分类收集和清运操作、布草消毒洗涤工作，空调、新风系统、排污设备的规范使用和监督等工作，还有酒店在接待过程中，出现设施损坏需要维修等突发情况的处理，需要酒店和卫生防疫部门协调分工，建立相应的流程制度，以书面形式确定。由于有些工作存在风险，并有一定的防疫专业性，隔离酒店和卫生防疫部门在执行任务时，难免有工作交叉，双方一定要在分工明确的基础上通力合作，才能更科学、安全地完成任务。隔离酒店除了在日常工作中严格落实相关管理规定，全力配合防疫专班人员的工作外，还应配备综合素质高、个人防护能力强的工作人员，结合隔离酒店实际情况完成相关工作。隔离酒店应与当地卫生防疫部门建立有效的沟通机制，保持点对点对接。一旦出现突发情况，隔离酒店应根据卫生防疫部门的要求，安排专人配合工作。隔离酒店首先要服从当地卫生防疫部门的指挥，了解各级各类防疫政策，认真学习防疫标准和规范性文件，知晓酒店自身硬件条件或管理流程与国家防疫规范性文件之间的差距，事先与卫生防疫部门协商弥补办法和解决方案，同时明确权责。

酒店应强化设备的日常卫生防疫安全功能。在严守卫生关的前提下，进一步注重空气质量、食品安全等，同时强化消毒功能空间、分离式线路的设计。酒店更应重视相关预防工作流程与规范建设，在突发事件应急预案的设置中不仅关注消防方面的流程，还需要进一步完善疫情防控等应急预案，并通过日常演练，提高员工预防意识和专业素质，更好地保障客人的安全。

（二）康养型酒店将成为高端酒店新的增长点

全球养生协会将养生客源分为两类：一是以健康养生为出行目的；二是想在旅途中保持健康。这两类客源近年呈现年均 8%~10% 高速增长，消费需求不容小觑。行业定位广义的康养酒店指“在硬件设置及服务、酒店文化理念中融入了健康养生元素的酒店”，这部分酒店主要可以满足“想在旅途中保持健康”的客源群体的需求。而狭义的康养酒店则是“以健康养生服务为核心经营板块的酒店，其他功能板块均围绕此核心服务”，此类酒店通常档次较高，主要吸引“以健康养生为主要目的”的小众高端客源。很多仅仅在酒店内增加个别单一康养设施的酒店并不能被定义为真正的康养酒店。对于康养酒店而言，酒店所提供的康养项目质量和内容是否能满足客户体验是首要的。康养酒店的康体功能比普通酒店更强大，通常根据客群的主要诉求（身体、情绪、心智及精神四个层次），将健康养生理念贯彻到入住体验的全过程，配置相应的设施及服务。这也令康养酒店与常规度假酒店形成很大的区别。

六、加强数字化分析，降低日常成本费用支出

数字化运营对酒店成本费用合理控制作用明显。例如，疫情每隔一段时间的反弹，使市场呈现出间断式的消费模式，以往的持续性消费被破坏，导致酒店疫情期和非疫情期之间的客房出租率差异很大，忽高忽低，犹如坐过山车。为此，酒店在用工、能源、原材料、棉制品洗涤等方面可通过数据预测来提前规划和控制，减少不必要的支出和浪费，对提高酒店的市场竞争力也非常重要。

七、长沙酒店行业转型升级跃升市场地位

（一）加强产品预售，缓解资金压力

长沙酒店行业要充分运用政策红利，提前布局新消费热点，加强酒店业务转型升级，实现市场地位的跃升。酒店企业可以通过预售客房，缓解资金压力。通过预售房间或产品组合优惠套餐，设置阶梯式房价，均衡淡旺季不同的旅游需求。预售产品套餐可以包含疏导分配淡旺季客流的合理设计，确保住客的长期性和稳

定性。如景区酒店可以通过在线直播，对客户会员及潜在会员开展令人赏心悦目的高品质度假酒店实景直播，以及高品质房间优惠折扣和线上预订服务，实现无接触服务和每层独立的闭环空间保证安全；通过独特的宣传和营销，营造稀缺的免费名额、不同优惠层级的优惠价格和限量名额，提高抢到优惠券的消费者的带货能力和口碑宣传效应。加强线上营销开展产品预售，不仅缓解了当前资金困难，也为今后一个阶段淡旺季客户的稳定性做好保障，还可以让客户享受到优惠价格和高品质的待遇，实现一举多赢的效果。另外简化不常用的公共设施，降低能耗；在降低人力资源成本方面，与合作酒店实现员工共享，清洁服务可外包，对员工工作时间合理调配增加弹性，不重要的岗位可实施兼职模式或合作模式等。

（二）推进产品转型升级，提升核心竞争力

长沙酒店更注重推进产品转型升级，提升自身核心竞争力和品牌意识，加强数字化等在线系统和后疫情时代酒店行业复苏路径探析服务的建设，提升信息化水平；通过提升酒店企业自身的品牌，优化商业模式，打造高竞争力和企业共成长的高素质企业团队来提升自身竞争实力。针对当下用户需求开展外卖业务和酒店特色产品的在线销售，实现业务的转型升级，拓展服务领域和业务链条。利用顾客宅家时机，大力推广酒店新产品，研发创新个性化的新产品，利用线上传播优势，更好地提升酒店知名度。

在经营上，针对后疫情时代客人新生需求，长沙各大酒店推出“外卖送餐”等产品和服务，开发早中晚系列套餐和包月、包年等会员优惠服务以稳定客户群体，着力满足附近小区居民和上班族的需求。高标准打造酒店就餐、住宿的安全卫生环境，如前台智能化无接触服务，保证安全距离；自助餐处设立隔板，防止空气中飞沫传播；常态化实行分餐制、公筷制等确保酒店餐饮行业安全卫生标准更加严格规范化，提升产品品质和形象。

联名互动，与食品、服装、美妆异业互动，联名是大家抱团取暖的好方法，每一个企业和品牌都可以和对应的品牌进行合作，如联名下午茶、名车接送都是近年来酒店已经在进行的。此外，还可以尝试联合时尚食品、饮品类（喜茶、Manner）、艺术品的尝试，也可以和某些 DIY 服装品牌进行联名设计，或者线下设计和售卖，打造酒店的网红店。针对部分女性客户，可以进行美妆产品的互动和

合作，如艾美增加了酒店的稀奇艺术精品店，实现了0元到30万元的转变。无论是定制的联名下午茶、联名的房间配送伴手礼都是很好的尝试。

针对连锁酒店，可以实现外地名菜名厨的互动，在本地推广外地特色，如果不是连锁，也可以和社会餐饮合作，项目引流，这一切的合作都可以很好的刺激客户在酒店产品以外的创收，同时也能够很好丰富固化产品。对于酒店而言，所提供的的产品不仅仅是“吃”和“住”，而是应该结合多种可能性。增加小型会议和中央厨房，玩玩新花样。小型会议似乎成了疫情管控的主流，针对小型会议的特殊价格，可以根据客户的需求，制定不同的产品，某些酒店品牌进行了跨区域的推荐，某些城市也实现了边旅游、边开会。这一系列灵活的操作模式，形成了独特的酒店运营方式。

另外，很多城市有开展早餐外送的形式，通过中央厨房、冷链技术满足没有厨房或者成本需要管控的经济型酒店或者中端酒店的早餐需求，在五星级的酒店里面，这可以作为一个外卖活动进行，在满足食品安全和交通运输的情况，在功能实现上一方面增加了大酒店的收入，另一方面降低了中端酒店的厨房成本和运营成本。当然，打造五星大厨直播配送，私厨上门的尝试，也是值得探索的方式。

加大秒杀预售力度，伺机而动，确保收益。疫情的预售是一个与平日房价的巨大矛盾，一方面不希望平均房价太低，另一方面不希望酒店出租率太低，然而事实上我们会被疫情搞得苦不堪言。对于预售，酒店需要指定合理的价格体系确保自身利益的同时，满足平日房价的销售。预售的目的是吸引客人，产品一定要和日历房有所区别，无论是OTA的套餐或者其他的打包产品，我们需要让客人明确酒店预售促销产品与实际普通的产品在时间使用和产品性价比上的不同。但是对与酒店的收益评估，酒店需要做好充分的计划，度假型酒店和城市商务型酒店在促销和预售秒杀的重点是截然不同的。预售买的是计划，平日买的是需求。酒店从这两个方面入手，肯定会发现不仅仅只能预售房间这一个产品。

增加亲子类活动可能性，网课、街舞、夏令营还有更多新花样亲子酒店在这几年可谓是火热，“帮你带娃”彻底解放了父母们出门的苦恼，人们会发现度假酒店可以有很多特色，城市酒店在这个时候就似乎没有什么卖点。如文华东方“网课房”套餐就是一次很好的尝试。无论是网课或者在周末的街舞训练营，英语体验课，或者是夏令营和冬令营都是酒店可以尝试的板块。丰富孩子的体验才是核心。并不在于酒店的运营性质，从传统的烹饪课堂入手，日常社交英语、西餐礼仪、咖啡认知、街舞、绘画或者夏令营活动都可以用于丰富酒店亲子业务的模式。无论是线下体验或者直播形式，都可以满足客户的需求。

（三）创新产品宣传营销，满足个性化需求

第一，积极向“线上经济”转型，营造独立的线上品牌，通过特色宣传营销提升营销绩效。第二，充分利用线上“云经济”，以科技手段连接酒店消费场景+酒店客户的新型营销模式。通过线上流量吸引粉丝，建立一定规模的客户群，开展社群营销，进行品牌形象传播；利用顾客微信群，加强会员制管理，加强线上会员用户的数字化运营，提升数字化运营能力；利用大数据技术，推进各流量平台和宣传媒体之间的数据打通，推进数据化营销；充分利用社交媒体与客户进行沟通，提升客户忠诚度和复购率。第三，加强基于人群洞察的精准营销，充分收集分析和适应客户个性化、特色化、超前化的产品需求，结合其新的需求和认知，开发定制化酒店度假、亲子或康养类系列产品，加深消费者对酒店产品品牌的认知，更新产品组合与宣传思路，推进新产品开发；让客户参与酒店产品的个性化设计，加强互动参与，按照客户需求进行改进，实现精准营销，满足客户不断增长的个性化需求。

实现以内容为载体的互动形式广告创新，注重服务体系的升级，加强服务营销的体验。充分梳理服务流程及客户接触点，设计令客户惊喜的服务环节。优化提升让客户满意的高效率服务流程，推行迎宾机器人、送物机器人及客房语音管家等产品，将“无接触智能化服务”作为新的经营模式，而智能产品本身也可以进行销售，延伸产业链条创收增效。

女性家长和儿童是酒店在服务过程中最需要拿出足够耐心提供服务的群体。女性本身细腻入微，加之母性对于孩子需求得不到满足时的护犊心理，更容易与酒店方产生冲突，如果不处理好客群关系，可能会引发更多投诉。高端酒店不能将服务流于形式，只在表层的亲子娱乐、客房装饰上做文章，要根据儿童的消费动态与消费心理，对服务进行科学合理的设计。而且，与商旅客人较为固定的需求不同，儿童在玩乐过程中，需求可能会随时随地出现，酒店可以根据儿童的行为习惯及心理设计一些即兴服务，这样不仅能够收获好评，还能增加更多收入。

酒店要做出足够充分的准备，提前了解亲子客群的需求、消费特征、同行酒店服务技巧等，避免因盲目转型导致酒店的负荷更重。

针对亲子家庭，酒店要进一步建立科学严谨的管理制度和规范严密的服务标准，酒店的床具、卫生间、日用品、餐饮等都要考虑到儿童的感受。此外，负责娱乐设施的工作人员要具有处理紧急状况的能力，在儿童发生误食、误触等情况时可以及时救治。酒店也可以提供一次性鞋套、纸尿裤、纸巾、热水等，尽可能做好替家长与孩子着想的细节服务。在常态化疫情防控下，避免人群聚集是至关重要的，采用“分时段”“预约制”是可以避免人群聚集。

对于最容易出现聚集的用餐高峰期，酒店可以根据预订情况提前准备好相关物资。如果客流过大，餐位无法满足客户时，可以将套餐送达客房，也可以在客房内增加赠送的小餐点，让小朋友提前满足食欲。同时，酒店应拉开自助餐或者是其他餐厅的就餐时间，缓解就餐压力及出品压力。

互联网＋酒店说到底就是运用网络实现产品延伸，延伸可在行业内，也可以跨界，这是资源的整合，是当下和未来的探索方向。酒店各经营区块也可以导入专业品牌公司参与经营，如SPA、休闲、健身、特色餐厅等。新常态下需要新的经营模式，应探索共同发展的盈利机制，互相借力，发挥特长，实现共赢。企业成败靠管理，企业发展靠创新，亮点卖点靠特色，可持续发展靠品牌，国际品牌本土化，本土品牌国际化，单体酒店品牌化，将是未来的发展方向。传统的酒店管理模式一定要逐步更新，随着市场、随着消费者需求大胆变革。

高端酒店的营销不等于销售，或者不完全等同于销售，在实际的酒店营销实战中，只要综合运用合理的手段，做正确的事，正确地做事，达成既定目标，收获了相关业绩或者数据的沉淀与总结，都算是营销活动或者项目取得了相关的结果，至于这个结果是否匹配酒店负责人的要求标准就要看当初确定营销活动的时候双方对这个结果的判定在哪里。众所周知，高端酒店产品联合借势是合作双方相互的用户匹配与市场无缝接入，如果不匹配，只能把更多的导流偏转到知名度弱势的一方。业内越来越多的酒店在产品创新营销上面采用了这样的形式，在业内比较有名气联合借势合作是亚朵IP属性酒店，知名动漫IP形象跟各种高端酒店亲子度假房间改造方面，这些联合借势营销合作更为常见，目前来看得到的市场反馈也非常好；但或许更为极端的情形，还可以根据业主的行业属性，直接量身定做酒店全部内容，甚至包括永久性实体建筑。假若活动是在接近人流量井喷式爆发的节假日开始执行，那么更适合有较高 IP 曝光量产品跟高端酒店品牌的联合合作，这对于一项被认定是社会阶层价值体现的住宿产品来说，能与自身品牌调性、市场目标用户与营销需求匹配的营销活动得以执行，不仅可以得到最快捷的酒店品牌知名度爆炸式的扩张，甚至还可以唤醒并激活该高端酒店沉睡用户的品牌体验记忆，形成正向用户收益增量增长，如果是合理地应用在固化的传统品牌酒店知名度扩张方面，这个方法可以毫不费力地达到品效合一的传播结果。

国货新潮流蓬勃兴起，源于中国制造和国产品牌崛起，企业努力升级产品的品质、性能和价值，拥抱自主创新，不仅要保持高性价比，而且在跨界联合还可以改变原有模样，以全新姿态走进大众视野。这些新消费主义改头换面，通过引入新理念、新技术、新模式，主动转型、推陈出新，激起年轻人消费兴趣，成为备受热捧的新晋"网红"；兼具电商和社交属性的互联网运动智能终端的普及，更大大推动了人们对"传统行业联合国潮"营销产品的认可度和购买频次。特别是在联合在一定程度上已经被消费者认知固化的传统酒店住宿产品上，这些具有创新性、新理念模式驱动的国潮快消品，也会主动根据酒店品牌内容进行深入化定制，让合作双方的优势能起到四两拨千斤的传播效用。

从品牌认知层面上来讲，知名高端酒店品牌在中国内地的规模化拓展，带来人们认知的更新已经非常缓慢，固有印象需要新鲜的物理刺激也许才能更好地完成品牌价值的再创作。如果换成电视机信息传播时代的冠名或者线下活动赞助形式，更多将是无效的品牌名称曝光，但它们并不缺少知名度，您看见哪个高端酒店品牌在线上综艺节目以及线下大型集会上冠名曝光的？这些无效曝光带来不了业绩的转化，只是强化一个社会消费符号在市场观众认知里面的印象重现或者固化，而非更新。更何况对于执行的结果，不仅项目统筹人本身会感觉很奇怪，合作方同样觉得很奇怪，都是在酒店品牌方的精力与投入。此外，传统标准酒店住宿产品迭代速度并不快，除了基于前面说到的几个产品属性原因外，住宿产品迭代更新的成本动辄几十万元，这也是它们更新缓慢最根本的原因。但是高端酒店住宿产品的品牌调性确实是可以与时俱进的。如果让一个传统的、固化消费群体的、有强烈符号标识意义的产品发生一些递进式的改变，同时保持活力，这就需要有更丰富、调性匹配。联合新消费主义的实体产品定制符合高端酒店住宿产品品牌传播内容，也是丰富品牌内涵的表现。在更容易被理解的层面上，相当于把该酒店住宿产品的广告扩繁成数量众多、品质感很强的、容易被携带、被具象化的作品之下，与品牌感知质量同频，更可以让酒店住宿消费者加深对酒店住宿产品调性的认可，增强住宿体验感，如果放到现在碎片化、传播噪声感染最强、开放性极强的互联网营销环境条件下，更需要有更脱虚向实、值得现象级关注的创新型品牌定制化内容的出现，才能产生足够的互联化传播度，让品牌被讨论，进入大众视野，感染消费者，让定制化的品牌内容与跨界联合作品成为不可分割的整体，完成高端酒店产品更完整丰富的内涵表达。

（四）积极承担社会责任，加强团队建设

长沙酒店业为了提升站位和社会责任感，满足社会迫切需求，及时开发新的产品。如长沙部分酒店疫情期间为医护人员提供休息服务，餐馆为医护人员提供送餐服务等，提升了酒店的口碑和人文情怀。在复工复产的后疫情时代，推出针对周边机关、企事业单位和社区居民提供的“爱心餐饮”和“新鲜蔬果菜”等便民措施，一方面增加酒店的营收，另一方面也解决了附近居民和企事业单位员工的就餐难题。面对异地住宿需求的断崖式下跌，部分酒店如长沙铂涛酒店集团（七天连锁酒店母公司）推出针对本地市场的长住和半长住的“公寓化”套餐，挖掘住宿市场行情变化中的需求点。

此外，在后疫情时代业务复苏的空档期，通过对酒店组织架构的优化以及岗位职责设置的科学化，在特殊时期更应当加强员工队伍建设，筛选出最具潜力的员工，尽量不裁员，留住骨干员工，不仅节约了新员工培训的成本，而且可以更好地应对疫情后一段时间的业务回升和需求反弹；保证员工基本的工资水平以维持队伍稳定。同时注重提升员工业务能力和服务质量；鼓励士气，让员工增强信心，在危机面前不退缩，与企业风雨同舟，坚定疫情后企业复苏的信念和勇气。通过疫情考验，员工的凝聚力和企业战斗力将会得到提升。还要加大对员工的关心照顾和人文关怀，留住高素质管理人员和骨干员工；通过让员工建言献策，集中一线员工智慧和经验，改进酒店经营和管理策略；通过员工集体活动和交流增进感情，增强团队合力，培育良好的企业文化。

强化酒店自身运营管理，如卫生状况。高星级酒店卫生管理涉及面广，难度

大。餐饮卫生监管包括原辅材料采购、加工制作、餐具清洁消毒等多个环节。厨房有洗涤消毒设备，餐具消毒相对比较安全可控。有些酒店在食品的原料检验上还做得很到位。客房监管难度较大，如杯具的清洁。常规的模式是每个客房楼层配有洗涤、消毒间。问题是清扫工是计件制的，在用工紧张的情况下，一个人每天清扫超过 12 间房，忙时达到 16 间以上，因而卫生质量很难保证。按照规定，是不准在房内清洁杯具的，但就算是搬到规定楼层清洁，如果不设专人清洗，还是让清扫工清洗的话，质量仍难以保证。这就需要酒店改革工作流程，一是清扫房间数应限量，二是杯具应与布草一样，撤换成已清洁消毒过的，换下来的杯具，设专人清洗消毒。对客房电视遥控器也一客一消毒，床垫每两个月一次臭氧消毒，做得很到位，值得同行学习。至于卫生间清扫，规定有 6 块抹布分类使用，擦灰、镜子、台盆、浴缸、马桶、地坪各用一块。但关键是如何监督，清洁人员一个人在房间操作，并没有监督，全凭自觉和职业素养。只要有一个人意识不到位，出了问题，造成的负面影响就难以挽回。因此，客房清扫究竟如何变革，尤其是卫生间清扫能否实现有效监管等，需要业界共同探讨。

四、五星级酒店基本上都有洗衣房，并配有专业的设备、专用的洗涤原料、专人管理，应该可以放心。但大量的中小规模酒店，由于体量小，一般不配洗衣房，都送外加工。问题是品质管理能否达标，使用什么品牌的原料、能否分类洗涤、消毒是否到位，这些均需要配套相应的措施，如协议约定、监督检查、处罚与赔偿，等等。除此之外，酒店还涉及游泳池的消毒，饮用水系统活性炭的定期更换，空调管道滤网的定期清洁等。强化卫生安全意识，扎实工作措施，真正做到以客人为中心开展一系列工作，让宾客在酒店安全消费是最起码的要求，然后才是舒适、满意和快乐的个性化体验。

（五）加强宾客关系管理，提升品牌吸引力

长沙酒店企业利用这段相对空闲的时间，把之前无暇顾及的短板补齐。通过微信群，加强社群营销的同时，注重加强宾客关系管理，将客户关系管理做得细致到位，形成良性互动，营造良好的客户关系。优化内部组织管理，提升服务流程管理，增加与客户的互动，分享酒店抗疫动态，与客户共享防疫期间和营业后的行业资讯信息，做好市场调研，回访客户征求建议，精准把握疫情后消费者需求，

并有针对性地做好新产品的研发设计等，并作为新型拓展业务和增长点。

针对酒店在信息化、数字化方面存在的弱点进行补缺，提升员工素质，加强客户群体的关系，通过提升产品质量，吸引潜在目标客户群体。为潜在客户提供定制化酒店产品，利用客户宅家时机，研发创新个性化的新产品，大力推广新产品的营销，利用线上传播优势，重塑酒店品牌形象。酒店做内容不仅是做好短视频、图文类推介内容，更要基于用户的需求，把自己的产品和周边相关联的产品尽量地多做一些分类包装，打造可供不同类型用户选择的多元化产品。酒店想要做好线上营销，就要积极利用每一个渠道，要重视每一个销售机会，尽量多地在各个平台推广、推荐。

此外，酒店打造内容生态精准触达更多客人，也非常关键。比如，酒店拥有了更多的跨界内容，设计不同的消费场景，包括结合酒店的特点，打造涵盖吃、住、游、玩、购物的内容组，来满足客人多层次的出行需求。事实上，每个酒店都有不可替代的差异性内容，酒店或者第三方营销机构将其挖掘和展示出来，通过线上平台进行推广。这就是以内容做抓手，让更多的客人“种草”。当然，有的酒店在线上营销时，能够讲一两个故事，那些能够带给客人更多心灵触动的交流，比平铺直叙地讲解营销更加有说服力。与此同时，OTA 已不再是一个简单的在线销售平台，大数据技术赋能下 OTA 成了更多元的营销平台，酒店可以尝试与 OTA 实现深度合作,探索营销内容生态方面的突破。无论在哪个互联网平台,消费者在“下单”之前，甚至是被“种草”之时，都会翻看点评，因为这是消费者产生的真实内容。点评可以直接影响消费者的消费决策。酒店仅关注点评的营销作用是不够的，好评与差评之间的距离其实就在于酒店的实际服务是否能达到客人在预订时的期望值，如果其体验值高于期望值，酒店就会得到高分好评，如果没有达到预期值，可能客人就会做出低分的差评。因此，现在有很多管理工具，帮助酒店重视客人的点评，将一条差评作为抓手，找到酒店提升的方向。这也是酒店做好线上营销的坚实基础。酒店线上营销的进阶要跟上互联网发展的步伐。在多数业者看来，互联网的变化日新月异，酒店只有跟得上，才能做得出让消费者愿意买单的线上营销。

（六）优化酒店管理策略，提升抗风险能力

首先，长沙酒店利用后疫情时代恢复期，结合自身查漏补缺，寻找短板。静心思考未来发展，积极完善和优化企业管理制度，加强市场和营销的研究，强化科技的应用，加强研发升级更具市场竞争力的酒店系列产品，以迎接疫情之后的消费复苏反弹。第二，延长产业链，发展酒店相关的系列衍生产业，增强抗击风险能力。第三，加强数字化和智能化建设，对业务在线整合管理，对酒店管理流程进行数字化改进提升，优化人员管理、合作商管理平台，提升管理效能。推动酒店基础设施建设的科技化、智能化，在不影响客户个性化需求和体验的流程和环节实现无接触服务，实现酒店智能化和人性化完美结合。第四，提供延伸服务，注重对客户的情感投资，提升客户认可度；梳理现有的客户关系，增加老客户的新需求，聚能酒店优势产品，对无盈利的部分业务可实行外包由专业人员打理。敏锐地抓住不断变化的、新的住宿餐饮购物等市场需求，实现食住行游购娱的代理一条龙服务产业链，发挥酒店资源信息优势，创新提供便捷的产品和服务，在疫情危机之中找到新的发展机遇，实现酒店的转型升级。第五，加大酒店危机管理和应对方案。总结疫情对酒店的影响及应对措施，分析酒店自身风险防范的短板和薄弱环节，加大酒店的资金管理和防范意识和能力，总结应对突发事件的经验措施，提升酒店行业抗风险能力。开发多样化酒店产品，将餐饮外卖服务、专业洗涤服务、豪华车接送服务、物业家政服务及培训等作为重点发展项目，提升酒店多样化营利能力，同时规避业务类型单一化风险；将电商与线下场景消费相结合，推广和销售酒店客房内物品、酒店特色产品等；将长短租客户结合，吸引长租客户稳定收益来源。

第三章
2021 年长沙市文化与旅游业发展趋势预测与建议

2021 年，在疫情常态化的前提下，以技术应用为纽带，积极探索推广“5G+4K+VR”实时直播、超高清视频等应用，着力推进 5G 技术产学研用一体化，开展传统文化资源数字化转型建设试点。推进传统文化元素的数据采集、数据开放、数据质量、数据交易、技术产品、视频制作、安全保密等关键活动，研究制定和落实关键共性标准，破解传统文化资源难以转化为视频创意产品的问题。依靠数据资源进行创新，打造 5G 时代视频资源商品化的新龙头。此外，发挥长沙旅游资源禀赋优势，锻造文旅商融合特色品牌，长沙应深挖湖湘饮食文化遗产精粹，大力弘扬湘菜文化，打通美食产业与旅游业的“任督二脉”，创新推出更多类似文和友、茶颜悦色、费大厨等风靡全国的餐饮头部品牌。打造文旅 IP，营造消费场景。深挖年轻消费群体热衷的复古、国风、萌宠等圈层文化内涵，打造一批颜值出众、辨识度高、自带流量的 IP 符号；将文创元素注入观光、购物、餐饮、娱乐等衍生环节，辅以仪式设计、主体营造和氛围烘托，创造沉浸式消费体验场景，更新线上互动交流玩法，让消费者加入需求、产品、评测、传播、营销“五大共创”的生态圈中，做大圈层消费规模。以传统旅游业三大支柱的发展来看，2021 年是中国共产党建党 100 周年，因此推动长沙市红色资源的优势转化，巩固扩大受众群体覆盖面，将红色旅游这一辐射面宽、影响力大、带动性强的综合性产业发挥优势，做大做强。

第一节　长沙市文化重点行业发展趋势预测与建议

一、长沙市文化重点行业发展趋势预测

（一）文化融合效应凸显，形成“大文化”产业格局

文化与区域发展、乡村振兴深度链接，促进文化与科技、文化与商贸、文化与金融、文化与体育、文创与非遗、文化与传播等跨界整合，形成“大文化”产业基本格局。文化和旅游进一步实现高质量融合发展，“以文塑旅、以旅彰文”得到更好实现。在 5G、互联网、大数据、人工智能、区块链、VR/AR、全息投影、物联网等高新技术的助催下，数字信息技术革命推动文化和旅游的生产、传播、体验发生重大深刻变革，文化和旅游融合的新产品、新业态、新模式不断重塑并引领市场，亟待文化和旅游融合的产品链、价值链、技术链的创新升级。

（二）新媒体技术应用广，创新公共文化服务方式

随着抖音、小红书、快手等新媒体技术平台在各大公共文化机构的驻入，以短视频、直播为代表的新媒体技术将部分取代传统线下公共文化服务供给方式，使得公共文化服务突破地域、时间限制，人们相聚“云端”便可尽享文化大餐。同时，随着受众文化群体的文化需求进一步个性化，借助新媒体信息技术，公共文化服务将逐步实现精准化。

（三）公共文化服务提质，基层公共文化服务逐步健全

随着长沙公共文化服务标准化建设的进一步推进，图书馆、文化馆、文化站等公共文化服务机构设施设备进一步完善完备,服务进一步提质升级。图书馆分馆、文化馆、文化站覆盖范围进一步扩大，实现每个村镇均有图书馆。村镇社区在提供公共文化服务方面的功能进一步扩大，文化惠民力度进一步加强。

二、长沙市文化重点行业发展建议

（一）着力建设六大体系

健全新时代艺术创作体系，鼓励文艺院团和旅游景区联合开发表演类文化精品，推出一批展现长沙文化、讴歌新时代、反映新成就的文艺精品力作。形成文化遗产保护传承利用体系，保护传承“长沙记忆”，着力打造湘江轴线、遗址公园、古城风貌、名镇名村、湖湘名人五大历史文化景观群，建成“博物馆之城”，建设3 处国家级考古遗址公园。健全现代公共文化服务体系，深化示范区创建成果，基层公共文化服务中心全域覆盖，实现 15 分钟公共文化生活圈。以区县（市）为主体的图书馆、文化馆总分馆服务体系全部建成，所有区县（市）文化馆、图书馆均达到国家一级馆标准，建成“书香长沙”。加快公共数字文化发展，建设博物馆、展览馆、陈列馆数字化展示体系，推进无障碍通行设施、盲文导览解说系统建设，引入智能化手语解说服务系统等，加强文化和旅游服务基础设施建设。健全现代文化产业体系，实现文化产业增占 GDP 的比重 7% 左右，进一步巩固和增强文化产业的支柱产业地位。培育 2 至 3 家企业进入“全国文化企业 30 强”，引进培育 3至 5 家文旅上市企业。在后湖国际艺术区、岳麓科创港中融入“文旅 + 科创”理念，打造一批“最美科创地、园景融合群”，进一步开发非遗夜市、橘子洲焰火、无人机表演秀等体验项目，打造夜间文旅消费场景。完备现代文化市场体系，壮大文旅融合消费市场规模，营造优良市场环境，实施“头雁工程”“新雁计划”，引进和培育行业标杆企业，同时，举办文旅消费季、消费月、体验周等活动，发放长沙文旅一卡通，鼓励发行长沙文化和旅游消费联名银行卡，拉动文旅消费。文化市场繁荣有序，市场监管能力提高，文化和旅游消费不断促进，创建 2 至 3 个国家级夜间文旅消费集聚区。推动对外文化交流体系更加成熟，培育形成一批对外文化交流和品牌推广项目，策划橘子洲音乐焰火晚会等文旅节庆活动，加强文旅融合推广交流合作，擦亮“东亚文化之都”等城市文化名片，长沙文化品牌形象不断彰显。

（二）重点推进七大工程

文旅场景创新工程。探索集成一批产业扶策政策，评选一批场景创新示范项目，以场景创新引爆消费热点。艺术品位提升工程。紧扣建党 100 周年等重大主题，打造《半条红军被》《国歌时候》《瓜子红》等精品力作。文旅惠民优化工程。继续打造 100 个特色村（社区）综合文化服务中心。推进图书馆、文化馆总分馆及数字馆体系建设，培育新型公共文化空间，全力构建 15 分钟公共文化服务圈。历史文脉传承工程。出台《长沙市重要革命旧址保护利用工作提质方案》，推进汉长沙国王陵考古遗址公园和贾谊故居二期工程建设。城市形象推广工程。借助东亚文化之都、世界媒体艺术之都、海上丝路联盟、澜湄旅游联盟等平台，积极融入长江中游城市群、中部城市群，广泛开展文旅战略合作。打造特色鲜明的城市 IP，推出长沙文旅口号和形象 Logo。文化体制改革工程。深化国有文艺院团改革、企事业单位改革、文化市场综合行政执法改革和省市共建长沙交响乐团改革。文化品牌打造工程。合理布局媒体艺术产业，建设若干个千亿级媒体艺术品牌企业、一批百亿级媒体艺术品牌企业与众多知名的中小型媒体艺术企业，实现长沙从产品经济向品牌经济转型，基本建成以品牌集聚中心、品牌运营中心、品牌孵化中心为特征的国际媒体艺术品牌之都。践行“互联网 +”，打造媒体艺术创意产业基地，建设具有国内领先水平与国际先进水平的麓谷动漫文化创意和数字产业园。

第二节　长沙市旅行社行业发展趋势预测与建议

一、长沙市旅行社行业发展趋势预测

（一）旅游产品市场特征明显，旅行社产品开发主题鲜明

1. 红色旅游成为劳动节假日旅游市场的亮点

中国旅游研究院（文化和旅游部数据中心）调查显示，53.9% 的游客认为红色景点场景设置有新意，52.3% 的游客认为红色文化讲解和传播有创新，51.5% 的游客认为文化活动有创新，29.0% 的游客认为科技应用有创新。长沙市是全国主要红色旅游目的地，红色研学、红色党建、红色培训等主题是旅行社红色旅游产品开发主要方向。

2. 乡村游和都市休闲游是假日旅游消费的主要去向

中国旅游研究院（文化和旅游部数据中心）大数据监测显示，乡村地区居民出游率达 14.3%，农民参与旅游的比例越来越高。公园、动物园、主题乐园、城郊景区等地客流增大，踏青、自然风光欣赏、美食等网红打卡地吸引众多游客，都市既是主要客源地也是首要的旅游目的地。调查显示，游客游览山林水草景区比重为 30.8%，城市周边乡村占比 26.8%，郊区公园占比 20.4%，城市公园占比 11.5%。乡村旅游回暖提速，三、四线城市下沉市场活跃，小镇青年、农村居民也成为出游新势力。游客在目的地游览商业街区的比例高达 89.0%。各地重点商圈人流增长明显，景区、主题公园、酒店、民宿、餐饮、文化娱乐等行业全面复苏，从游客花费去向看，餐饮消费占比 39.9%，购物占比 22.2%，门票占比 20.5%。旅行社重视长沙周边特色民宿、餐饮等资源采购和包装，协同供应商提供特色休闲度假产品，着重于以目的地特色活动策划和组织吸引目标客户市场。

3. 参与文化活动成为多数居民出游的自觉行为

各旅游业态消费需求持续释放，假日市场供给满足不同客群消费需求，亲子、研学、“潮玩节”和各类文化活动等受到各个年龄阶段游客的追捧，中国旅游研究院（文化和旅游数据中心）调查显示，假日期间参与文化活动的游客比例达 92.8%，其中参与 2 项文化活动的游客比例为 82.7%，参与 3 项的为 22.7%，参与 4 项以上的为 8.3%。博物馆、图书馆、美术馆、文化馆、历史文化街区等公共文化场馆成为居民重要休闲空间，电影院、展览、话剧等有效满足人民群众的文化休闲和旅游消费需求，调查显示，游客参观历史文化街区的比例为 38.6%，博物馆为 28.6%，美术馆为 18.5%，图书馆为 8.7%，封闭型文化场所游客接待水平仍处于恢复通道。

2020 年端午期间长沙滨江文化园开展“艾叶飘香迎端午，红绳传福系滨江”主题活动，吸引 28025 人次入园，对比清明、五一假期，分别增长 215.42%、104.73%；长沙图书馆开展了抗疫情·颂祖国书画展、端午关键词大挑战、悦享·新知深阅读等线下线上活动 10 场，6284 人次参加。旅行社产品开发中应将文化场馆等节点安排和湖湘文化发掘融入产品设计，注重游客体验。

（二）显著的目的地偏好，使旅行社更注重产品组合和目的地资源采购

1. 和家人一起自驾出游是假日旅游的标配

假日期间，返乡探亲、观光出游、休闲度假等旅游需求全面释放。中国旅游研究院（文化和旅游部数据中心）调查显示，从出游动机来看，家庭休闲占比 34.4%，亲近自然为 41.7%，亲子研学为 15.0%，文化体验为 7.6%。从出游方式看，选择自驾比重为 54.7%，高铁为 25.0%，飞机 9.0%，家庭亲子游仍是主要类型，选择和家人一起出游的比重为 48.6%。“小而美”的团队逐步占据市场主流，旅行社从专注于团队服务到专注于个人、家庭个性化服务。

2. 游客对目的地基础服务设施非常看重

基础服务设施较大程度影响着居民劳动节出游决策，根据中国旅游研究院（文化和旅游部数据中心）调查显示，相比景观质量、价格高低、人文风情、距离远

近、气候舒适，居民在五一假期作出游决策时，41.1% 的游客认为当地基础服务设施起到决定性作用，34.3% 的游客认为起到次要作用。在旅游过程中，43.6% 的游客认为软硬件基础设施影响假期旅游体验的 3 至 5 成，27.4% 的游客认为影响旅游体验的 5 成以上。旅行社采购资源时对品质要求更高，游客体验感和满意度对产品口碑影响增强。

（三）移动互联网发展带来新机遇，旅行社注重新媒体传播

1.“云旅游”模式出现，旅行社开启“云传播”

“云旅游”的方式解决了游客对于旅游的部分需求。疫情期间，人们不能外出，催生了“宅经济”。文旅业在此期间顺势推出“云旅游”，吸引了人们的目光，一方面缓解了人们居家不能外出看世界的烦闷，另一方面也为景区进行了宣传，吸引潜在游客，达到了引流的目的。“云旅游”从单纯的信息平台，慢慢发展成集合内容营销、管理以及相关产业的交易平台、消费平台，通过“带货直播”的模式带动旅游相关产业的发展。通过“云游敦煌”小程序人们可以近距离接触到震撼人心的艺术珍品，通过各个省市的云上博物馆人们可以足不出户地徜徉在文化艺术的海洋里。“云游黄鹤楼”“新华云直播”——“既来西溪 君且留下”“乘居庸关【花海列车】，赏长城最美时刻”、故宫“云直播”等吸引了大量的人们观看以及社交媒体平台评论和转发。北京市文旅局举办“逛京城、游京郊——‘5·19 中国旅游日’线上云游北京活动”，以“线上发布 + 景区云游”的形式，推出 10 条特色旅游线路，在线观看总人数高达 500 万人次，点赞约 4.7 万次。

2. 旅游业直播带货火爆，旅行社跨界“卖货”

旅游业借助网络直播产生了一种以前没有的游玩模式。旅游业的从业人员很多对于全国各地的美食美宿美景了如指掌，对于去哪玩怎么玩也有着丰富的经验。旅游业的从业人员很多利用这一优势纷纷转为直播，有的甚至成为网红直播，带货能力超强。带货的范围也是多种多样，有原产地的水果蔬菜龙虾、副食等农副产品，也有真丝被乳胶枕等好用的日常生活用品，还有刺绣农民画等艺术品，也有大量的民宿酒店景区温泉等相关的产品。

3. 预约旅游兴起，旅行社重视信息平台建设

为了疫情防控的需要，许多地方推出了预约旅游，游客需要提前规划好行程，预约好相关的景点才能出游。后来人们慢慢习惯这一方式，很多游客是无预约不旅游。这一是有利于景区控制人流量，防控疫情，二是也有利于提高游客的旅游体验，三是预约旅游也有利于旅游业合理安排好人员和资源，避免不足和浪费的情况。

二、长沙市旅行社行业发展趋势建议

（一）加强资源整合、提升服务标准，贴近用户需求，构筑品牌长效吸引

1. 坚持旅游服务标准化引领战略

面对市场份额不断被 OTA 压榨，传统旅行社要维护其在增值服务上的领先地位，必须大力实施旅游服务标准化引领战略，着力创新旅游标准化运行机制，使企业的基础设施、经营方针和服务质量达到国际水平。同时要结合现代旅游服务业的发展和诚信服务，制定并实施相关旅游产品标准，确保产品质量，提升旅游特色产品的开发和生产的能力。此外，政府要将制定标准和合格评定结合起来，充分调动中介组织、行业协会的积极性，建立激励机制，表彰和鼓励工作中有突出贡献的单位和个人，实现入境游、国内游和出境游平衡协调发展，确保旅游工作取得实效。

2. 加强异地化生活服务整合策略

随着旅游需求的日趋个性化和多元化，除“机票 + 酒店”等标品外，游客对景区门票、休闲娱乐、交通接送等“吃喝玩乐购”方面的碎片化服务需求越来越广泛，目的地碎片化服务是大势所趋。围绕游客在目的地的碎片式服务需求，加强异地化生活服务整合策略将是未来旅行社的发力点。所谓的异地化生活服务整合策略，是指为满足游客在目的地的碎片式生活服务需求，加强目的地资源的布局、变革传统产品的供应链模式，以实现高效、及时的整合供应。对旅行社而言，可以通过并购、自建等方式，将旅游目的地生活服务产品要素供应商纳入供应链条，

构建弹性化需求供应链。

3. 实施社群化策略以更加贴近用户端

移动互联网的发展催生出各种各样的社群，处在社群中的消费者对旅游产品与服务的需求越来越个性化。实施社群化策略，争夺C端流量，提高用户黏性，成为旅行服务企业竞争制胜的法宝。对于传统旅行社的线上部分，在线旅游社交需要打破同质化竞争，向个性化发展。对于实体店面，需要突破传统的在旺市开店的思维模式，布局“小而全”的社区门店，以便更加贴近用户群。具体而言，利用社区与旅游业的跨界合作，建立社区旅游综合服务平台，以平台为载体，构建集旅游服务、社区生活、主题活动、文化交流等全方位、立体化的社区消费形态为一体的社区旅游生态圈，真正做好旅游“最后一公里”的服务体验。

4. 实施旅游IP策略，构筑品牌长效吸引力

未来，旅行社的竞争不再是简单的价格战而是品牌战，极具个性化和高识别度的“旅游IP”显得尤为重要。旅游IP的本质是指拥有知识产权、高附加值，且受到游客广泛好评的旅游产品或服务。对传统旅行社而言，要打造自身的超级旅游IP，一是要不断完善企业产品与服务，在顾客群体中树立良好的口碑与品牌形象；二是要以创新为动力，将旅游IP理念应用到产品、运营、营销等各个方面，在打造独特的旅游产品与品牌形象的同时，不断更新迭代产品与服务，从而维持品牌长效吸引力。

（二）跨界整合，自救升级，尝试“旅游+生活”的旅游新零售模式

1. 旅行社跨界新零售

旅行社具有熟悉全国各地特色产品的优势，可以利用这一优势进入新零售。在保持传统的旅游功能的基础上，旅行社门店和线上平台增加农副产品、各地特色产品、非遗文化商品、精美手工艺产品的展示和销售，等等。如湖南海外旅行社通过自身平台采购各地土特产品，打造了“臻燕妮”系列产品，通过海外旅游团队在微信朋友圈和海外旅行社线上平台销售，同时利用东家新华联的资源，销

售新华联房产和铜官窑门票酒店等产品，让公司的旅游团队仍然活跃在旅游圈，并且给员工创造收入的途径。

2. 培训导游向多面手转型

移动互联网以及信息技术的发展对旅游业也产生了巨大的影响。虽然现在自由行很方便，大部分的景点和线路信息都可以不通过导游，游客自己在网上找到，但不等于导游没有了用武之地。导游在工作中积累了丰富的技能，如优秀的口才、旅游产品的知识以及与人交流沟通的技巧，这些技能和知识是一笔宝贵的财富。旅行社培训导游关于主播的知识，让部分导游可以通过“旅游直播”进行带货，从而增加收入。如直播带货酒店产品、农副土特产品、非遗工艺品，等等。旅行社还可以培训导游关于自媒体的知识，让导游从团前服务、团中服务、团后服务三个方面入手，运用好数字手段、运用好自媒体的力量，更重视团后服务，提高游客的重游率，形成口口相传的好口碑。如湖南省中青旅导游刘芳开通了自己的抖音号“长沙导游 - 刘芳”，将自己打造成了长沙的网红导游。

3. 旅行社新媒体运营

后疫情时代，游客的出行方式和出行周期出现了变化。以前出国旅游和长途旅游比较多，游客需要收集大量的信息，做详细的攻略，反复比较，出行计划的决策周期比较长。在后疫情时代，由于出国旅游和长途旅游不方便，短途旅游和周边游就成了不少人的旅游主要的选择。这种旅游决策时间较短，大约为 1 至 3 天时间，有的甚至临时决策或者一边出去玩一边进行决策，出行计划的周期大大地缩短了。在这种情况下，KOL/KOC 最新的旅游体验或者亲朋好友的朋友圈分享成为游客旅游消费决策的一大信息来源，短图文和短视频成为游客最愿意参考的主要内容形式。在这种情况下，旅行社的营销方式也要跟随形势进行转型升级。旅行社可以从以下两点入手：第一，拥有自己的公众号和自媒体账号，并好好进行经营维护，把新的旅游咨询和旅游产品及时地发布到自己的公众号和自媒体账号上。第二，和 KOL 进行合作，争取他们对旅游产品的推广；和 KOC 进行价值绑定，向他们提供试用旅游产品的机会，以换取他们对旅游产品的分享。

（三）回归服务，整合资源，多业态多元经营，打造高频次深度游产品

1. 旅行社服务价值本真回归

过去几十年传统旅行社一直靠旅游者和旅游目的地信息不对称、组合旅游资源赚取差价的商业模式。现在，我国大众旅游发展的基本矛盾表现为人民群众日益增长且日渐多元化的旅游休闲需求与落后的商业模式之间的矛盾。传统经营模式中，很多旅行社只充当了信息桥梁的中介作用，并没有提升旅游产品的附加值，忽略了旅游服务本身的价值。互联网信息技术进一步消除了旅行中的信息壁垒，游客可以直接查询到机票、酒店、用车等的价格，旅行社靠赚取差价的经营模式越来越不被市场和游客所认可。但旅游产品营销、设计和服务的价值一直被市场忽视。疫情过后，游客对健康的问题更加重视，更加注重目的地的安全性和旅途中各个环节的卫生条件，减少聚集；自驾车和家庭出行成为游客旅行的方式；游客更注重旅游品质和用户体验，旅游需求趋向于个性化、差异化。传统的大规模旅游团队旅游产品难以满足游客的需求，薄利多销的模式也日益受到市场的淘汰，这决定了旅行社依托规模化运营的方式利润空间会越来越小。但未来,能够触及的、有温度的服务将成为旅行社生存的根本，专业化的产品设计、精细化的旅行服务、小众旅游资源的挖掘都将是旅行社竞争力的体现，旅行社的盈利模式将聚焦服务价值本身的回归。

2. 泛中心化将成为旅行社新的业务模式

新冠肺炎疫情后旅行社的各种花式自救，让其认识到了深耕多年的客户资源的重要性。与在线旅游企业的大规模流量和用户相比，传统旅行社依靠社交平台和客户资源积累起来的流量和用户更加精准、更有高黏度。我国旅行社企业要从以传统旅行社为主的单一形态，转型为多业态、多主体的创新式融合发展市场主体，旅行社的服务对象远远超出旅游者的范围，旅行社业务范围从旅游服务向异地化生活服务发展。现在很多旅行社还将门店进行了改造，除了开展正常的旅游业务外，还探讨引入各种品牌合作，销售相关生活用品和旅行用品，展示非遗手工艺，更像是社区主题生活馆。未来旅行社的服务更加泛中心化，服务也将更加碎片化，旅行社提供的服务不仅仅是全包价旅游线路，可能是某个高端精品酒店的住宿产

品，也可能是某个网红餐厅的美食预订，或者是博物馆的一个深度讲解，抑或是一次徒步穿越向导服务等，对于旅行社服务要求更加专业，需要凝聚一批细分领域的专业人才、专家人才，提供与游客需求相匹配的专业服务。不管是全面的旅行线路规划，还是单项的旅行产品诉求，都是为满足旅游者旅游需求和与之相关的生活服务。旅行社企业应利用自己的社群优势，提供以游客为主导的旅游行程定制服务。

3. 注重微度假产品的深度打造

提升旅游产品的消费频次随着疫情的反复蔓延，在出境游停滞和跨省游变数极大的情况下，利用周末或小长假实现说走就走的短途微度假旅行方式，受到消费者喜爱和追捧，逐渐成为城市消费人群的主流选择。相较于疫情前动辄需要一周甚至更长时间的度假模式，微度假以本地为中心，开展 3 天以内的休闲度假活动，一般是基于兴趣爱好或某种体验的周边游和周末游。亲子玩乐、户外运动和娱乐休闲是微度假的主要形式，“宅酒店”“民宿 +”“露营 +”等是微度假的主要驱动力。未来，旅行社应该把握微度假的发展方向，打造主题特色突出的微度假产品，保证质量可靠、文化内涵丰富，不断提高旅游产品的消费频次和复购率。

4. 多元化经营，进一步整合旅行服务上下游资源

旅行社企业应积极尝试与旅行服务相关的资源拓展，大型旅行社有实力向旅游景区运营等重资产方向拓展，中小型旅行社利用自身优势偏重整合度假产品运营权等轻资产。在“旅游 +”和“+ 旅游”的发展模式下，旅行社也可以投资了民宿、剧本杀、密室逃脱、研学、体育等相关领域，增强周边游产品资源自营的优势。未来，旅行社要进一步深耕目的地运营，成立目的地营销公司，不再满足已有旅游资源的组合，要成为旅行内容的生产者和原创者，利用自身专业优势，联合目的地政府打造旅游形象、创新旅游产品、开展整合营销，开展多种跨界尝试，引领行业发展，为旅行社企业凝聚了多方资源。多元化经营，能够分散单一旅游业务经营带来的风险，也可通过整合旅行服务产业链条上的资源，增强对资源的把控能力，提高旅行社行业整体利润率。

第三节　长沙市旅游景区行业发展趋势预测与建议

一、长沙市旅游景区行业发展趋势预测

（一）新业态不断呈现，迎来良好机遇

当前，长沙旅游业发展已经进入一个全新阶段，红色旅游高速增长，夜游经济热度攀升，室内游乐花样翻新，虚拟旅游突破时空限制，研学旅游诠释新的教育理念，博物馆旅游助力文物活化，文旅演艺展现无限风光，康养旅游引领时尚潮流，房车旅游日益火爆，低空飞行旅游异军突起，这些新业态使旅游行业千帆竞发、精彩纷呈。

夜间旅游产品是景区发展的新蓝海，冰雪旅游、避暑旅游进入高速通道助推相关景区提质发展，红色景区、文化类景区对游客的吸引力日渐增强，生态类、休闲度假类景区日益受到游客关注，乡村旅游转型和提质发展成为景区发展的新机遇。

（二）高质量发展是大势所趋，面临诸多挑战

小康旅游时代，景区的振兴不是要回到过去，而是要面向未来。景观之上的美好生活是景区振兴和复苏的方向，文化和科技是旅游景区的发展动能，旅游景区不仅是自然空间和历史遗址，也是生活空间和当代场景，为推进景区高质量发展，既要考虑强制和推荐性的国家标准、地方标准、行业标准，更要考虑企业标准。

未来已来，但任重道远。小康旅游时代，纷繁复杂的外部环境下，困扰景区发展的痼疾不会一蹴而就地消失，需要景区人的智慧、力量和担当，在新发展格局中继续发挥景区的旅游业核心载体作用，走出景区的高质量发展之路。

过去的一年景区观光游占比首次上扬，文化类景区持续升温，夜间旅游快速增长，而未来景区的蓝海将是面向游客，面向日常生活，小即是美将会成为未来景区旅游产品开发的趋势。景区投资进一步凸显文化特性，投资尤为看重有成熟

IP 的景区企业。景区企业家在开年之初对景区行业信心高涨，随后经历低谷并恢复平稳。游客追求更高品质的景区体验。需要注意的是游客的出游半径呈现出散客越游越远、团队越走越近的局面，且家庭同游景区明显增多。景区相关政策及法律法规进一步明确了景区的高质量发展是大势所趋，国有景区门票降价势在必行。新时代下景区发展迫切需要理论的沉淀和总结。

二、长沙市旅游景区行业发展的建议

长沙要顺应文化和旅游消费提质转型升级新趋势，深化文化和旅游领域供给侧结构性改革，打造文化和旅游高质量发展的新引擎。

（一）跳出门票经济，树立大旅游思维

在大众旅游、全域旅游、休闲度假时代，长沙旅游景区必须转变发展思路，推动旅游业从“景点旅游”向“全域旅游”、从“门票经济”向“产业经济”转变。

近年来，长沙市旅游产品很多仍停留于“景点旅游”，每到节假日人满为患，旅游成本高、旅游体验差，市民投诉多。要改变这一状况，各市州必须把一个区域整体作为功能完整的旅游目的地来建设，打破过度依赖门票收入的局面；同时，要针对长沙市旅游产品突出的结构性问题，树立大旅游思维，在巩固延长“吃、住、行、游、购、娱”等传统要素产业链的同时，大力实施“旅游 + 互联网”“旅游 + 科技”“旅游 + 产业”等发展模式，积极培育“文、商、养、学、闲、情、奇”等旅游新要素相关的新业态和新产品，丰富旅游产品供给，提高旅游产品附加值，推动旅游产业链条向纵深拓展。

（二）做优旅游产品，做特旅游商品

长沙旅游景区要实现高质量发展，关键是提高有效供给、打造特色产品、塑造高端品牌。一方面，要立足现有基础，做好“人有我优”的文章。依托精品旅游资源，如千龙湖等度假旅游，刘少奇故居等红色旅游，湖南省博物馆、岳麓书院等历史文化旅游，构建湖湘特色国际旅游目的地系列品牌，努力将长沙市打造成为世界旅游目的地。另一方面，要积极开拓创新，做好“无中生有”的文章。

长沙市作为全国旅游资源大市，一是要发扬创新精神，加强旅游创意，打造出一批新的旅游精品力作。尤其是要加大工作力度,尽快将休闲度假旅游这块短板补齐。二是要以“湘字号”特色产品为重点，做新做特旅游商品，提升旅游购物比重。

（三）做强旅游景区企业，降低制度性成本

旅游景区企业是推进旅游业供给侧结构性改革的中坚力量，降低景区企业制度性交易成本是等级景区实现供给侧结构性改革的重要一环，其中包括景区企业的交易成本、税费、融资成本、社会责任成本，等等。但是由于我国旅游业长期以来实行政府主导型战略，政府对企业施加的种种管制无形中加大了景区企业的经营成本，如智慧景区的建设、节庆活动的组织、促销活动的开展、等级标准的评定。长沙市要增强景区企业创新能力、提高供给质量与效率、提高全要素生产率，就必须坚持以“市场为主导力量、减少行政干预、优化供给结构、提高供给效率”为宗旨，通过降低制度性交易成本提升景区企业的创新能力。

（四）用足用好旅游扶持政策，积极自救谋发展

在疫情防控常态化背景下，一方面，5A级旅游景区要继续按照“限量、预约、错峰”要求，有序开展旅游接待。继续完善门票预约管理制度，推进旅游景区预约常态化，旅游景区游客接待量不超过最大承载量的75%。另一方面，5A级旅游景区要实现恢复与振兴,要在国家救市中充分用好扶持政策。新冠肺炎疫情发生后，针对旅游行业面临的窘境，国家和各地纷纷出台了不少救市政策，如财政部、税务总局2020年第8号《关于支持新型冠状病毒感染的肺炎疫情防控有关税收政策的公告》、长沙市文化和旅游厅、财政厅2020年第19号《关于支持文化和旅游业战疫情 促发展的若干措施》等，对受疫情影响较重的文化和旅游业给予有针对性的支持，以帮助旅游企业渡过难关。这些扶持措施涉及对国家5A级旅游景区的贴息支持、减免税收支持、社保支持、财政奖补等各个方面，5A级旅游景区要充分利用好这些优惠政策以缓解景区的资金压力。另外，面对游客减少的状况，各5A级旅游景区还要积极开源节流，实施自救。

首先，景区要控制好成本，力保现金流安全。疫情何时结束具有很大的不确定性，只有做好成本控制才能为景区复苏和振兴争取更多的时间。其次，为了尽

快实现复苏，景区还要利用空档期，将景区和产品进行迭代升级。升级旅游产品、优化游客体验，创新和提升景区的形象，找到新的收入来源，为当前生存和未来发展做好准备。最后，景区的复苏和振兴离不开稳定的人才团队，人力成本是旅游企业非常高昂的组成部分，因此，5A 级旅游景区还要采取灵活有效的措施让景区工作团队和管理团队保持稳定有序，团结一心共渡难关。

（五）科技赋能旅游，加快景区转型升级

虽然疫情让人们被迫宅在家中，但被压抑的旅游需求借助云直播、云展览、云演艺、云旅游等新形态得到了有效释放，以线上内容为核心的数字文旅产业体现出巨大的活力和潜力。2020 年，各地景区积极开展数字化升级转型，旅游景区在线预约比例大幅度提升，5A 级景区在线预约比例已达 94%。截至到 2020 年底，北京故宫博物院、九寨沟、蜈支洲岛旅游区等一大批景区已经构建了信息化、数字化的支持系统，在后疫情期间实现了很好的经营效益，也为各 5A 景区树立了标杆。为促进常态化疫情防控下旅游业健康发展，长沙各 5A 景区必须加快规划、实施数字景区建设，这既是疫情防控的需要，又是旅游消费提质升级的要求。随着云计算、大数据及人工智能等先进技术在旅游行业的应用日益深入，长沙 5A 级旅游景区基于信息技术的旅游接待服务、景区管理、旅游资源保护等亟待重组和优化。第一，针对旅游接待服务，景区可开发建设移动端 App，实现游客与景区之间信息的实时对称，游客在游前、游中、游后通过一部手机即可得到吃、住、行、游、购、娱等全方位数字化服务，通过手机上简单的触摸和语音系统，不但可找到参观的最佳路线，还可以了解景区当地的风土人情、土特产、旅游酒店、手绘地图等。第二，针对景区管理，景区可借助大数据、物联网等技术对景区内自然资源、游客、工作人员行迹、基础设施等进行数字可视化管理，建立景区智慧管理系统，实现科技助推高效管理。第三，在旅游资源保护方面，利用虚拟技术、云技术对景区内的旅游资源进行数字化开发和保护，实现景区资源线上体验。

由于线上客源将是旅游景区的重要客流，未来线上渠道的影响力会更大，为了在市场有序放开后吸引更多的游客，长沙 5A 级景区还要重视新媒体营销的作用。一方面，景区要通过微信、抖音、小红书等各类新媒体和携程等大型旅游电商、美团等综合性网络购物平台进行数字化营销，最大限度地激发目标区域内的

市场需求；另一方面，景区还可以通过策划活动和事件吸引眼球，通过爆款单品、通话网络游戏场景载入和卡通IP塑造，塑造景区品牌。在无边界景区逐渐成形时，不再单纯依赖门票收入，通过文化体验、美食、民宿、周边产品销售等实现全产业链赢利。5A级景区还要借用互联网实行线上销售。开设微店，京东、天猫开设景区旗舰店，销售景区文创产品、本地特色商品、农产品，既能增加额外收入，还可以保持景区热度，提升品牌形象。在科技创新的推动下，危机可以转化为产业发展的重要机遇，引领整个行业转型升级提质增效，促进旅游快步走上高质量健康发展之路。

（六）丰富旅游供给，提升旅游体验

受疫情影响，未来两年人们的国际旅行需求将大幅萎缩，旅游消费开启“内循环”模式，无法出境游的游客会在国内选择可替代的旅游产品，这就倒逼景区转型升级并引发行业调整发展方向。在国内游中，人们又基于对自身健康的考虑和各地疫情管制政策变动的担忧，首选耗时短、花费少的短途游、周边游。出于安全因素的考虑，散客自由行、小团化、定制化也将成为主要趋势。

因此，在疫情防控常态化背景下，以户外活动为主的5A级景区将受到市场的青睐。长沙各5A级旅游景区要抓住这一机遇，应对市场需求，增加高质量的旅游供给，尽快实现景区复苏和振兴。首先，各地5A级景区要加快开发短途游和周边游线路，挖掘本地和周边市场。疫情后，本地和周边居民的回流速度快于外市游客，景区要及时出台惠及本地及周边游客的政策。例如，在全市范围内发放旅游消费券，倡导市内各单位在景区开展各类工会及比赛活动。另外，景区还要加强自驾游、短途游相关设施的配备，增加周边游、短途游目的地的厕所、环保垃圾箱的供给；加强景区停车场充电桩供给，做好自驾游道路标志标识、景区标志标识的更新，为自助游提供全方位便捷服务，满足游客的深度体验旅行需求。在产品内容上，景区要根据市场需求把着力点放在休闲和康养这两个领域，增加这些旅游产品的有效供给。比如，武陵源景区可以针对人们回归自然、释放紧张压力的强烈需求，开发森林氧吧体验游、生态摄影体验游等旅游产品。其次要提升旅游产品质量。5A级景区作为最高标准的旅游目的地，要以国际化旅游目的地的格局定位来设立和实施服务标准，提升服务质量，以契合消费者对高品质产品的需求。

在旅游产品开发设计过程中要强化文旅融合，将本地特色文化活动融入旅游产品，打造更高品位的旅游。只有文化赋能的旅游产品，才具有持久生命力和核心竞争力。要开发个性化、有品质、有深度的沉浸式体验的旅游产品，将游客内在的精神追求与外在的景观人文资源相连接，打造走心有温度的作品。在门票经济触底的现实下，景区只有通过高质量的旅游产品和旅游服务才能在市场的寒冬中生存下来。未来的景区产品供给要突破传统认知的束缚，紧跟市场需求变化，及时调整和优化产品结构，全面提升用户体验，从而推动消费升级。

（七）积极策划，营销拉升

景区恢复开园后，客流惨淡，急需更大的流量，更多的消费。因此，营销拉升、引流增量成为恢复振兴的核心内容。依据疫情形势，我认为出游板块的恢复顺序是从周边游、国内游、出境游，增长较快的是以清新、康养主题为主。所以，营销要有针对性地精准施策，首先争取周边市场、预热国内游客有利于旅游市场加速回暖，待疫情稳定后全面开展国际旅游消费推广系列活动，积极吸引国内外游客。

首先开展特定优惠，通过快速搭建线上图文、短视频、直播等抢占双微一抖的巨大流量池和提升 OTA 的曝光度，短期带来强有力的营销刺激，达到快速恢复市场。中期可以通过主题活动、节庆活动、创意活动、会展活动、体育赛事活动和研学旅行等聚客引流，大幅提升市场增量。长期可以通过智慧旅游、休闲康养等，实行消费引领，激发旅游热情。

（八）深挖资源促融合，凸显品牌效应

用足、用好、用活长沙红色文化旅游资源，将长沙打造成为更富人气的全国红色旅游目的地。进一步活化历史文化资源。深挖资源禀赋，构建文化遗产大开发格局，“十四五”时期，长沙建设“博物馆之城”，进一步完善湖湘历史文化展示体系和革命文物展示体系；加强非遗与旅游融合发展，实施长沙市传统工艺振兴计划，积极推动长沙参加海上丝路联盟申报世界文化遗产。

进一步强劲文旅业态支撑。持续推动湘江欢乐城、新华联铜官窑、方特东方神画、华谊兄弟电影小镇等重大文旅项目提质升级，实现文化与旅游、商业、体育、科技融合。

进一步放大文旅品牌效应。长沙将深化国家文化和旅游消费示范城市创建，引导开展旅游景区、文旅小镇场景革命，加大高品质景区培育力度和高等级景区创建力度。利用世界“媒体艺术之都”和“东亚文化之都”等平台，充分挖掘全国十大夜游城市、著名网红城市的吸引力、影响力和号召力，广泛开展境内外文化旅游推广活动。

第四节　长沙市酒店行业发展趋势预测与建议

2020 年春节来临之际，新冠肺炎疫情突如其来并肆虐全国，使得我国超过 90% 的酒店都处于关停或者收缩经营状态。通过本报告前文对于 2020 年长沙市酒店行业发展现状的分析，长沙市的酒店行业在 2020 年都举步维艰，无论是经济型酒店还是高星级酒店均出现了房间数量过多空置率过高的情况，而非标酒店诸如民宿业态则因为损失过大而遭受致命式的打击。但是经过国内严格的防疫制度的管理，疫情得到了控制，2021 年疫情将呈现常态化状况发展，长沙市酒店行业也在疫情防控常态化发展的状况下，如何正常运行酒店，探索酒店行业未来的发展趋势，则显得非常具有现实意义。

一、长沙市酒店行业发展的趋势预测

（一）悦己消费主义下，酒店服务回归服务本质

酒店市场也对主流酒店消费者进行广泛大量的研究，得出酒店客源的消费习惯正悄然发生变化，呈现以下特点：首先是别具一格的审美。随着互联网普及以及国力强盛，新中产能轻松获取各类型文化，且文化自信日益增强，形成了他们多元化的审美观念，或复古、或前卫等各类型兼而有之，不再一味崇洋媚外。其次是鲜明独立的价值观。Z 世代等新人群的融入和移动互联网的发展，新中产群体观念的演变和价值的提升成为必然。新中产人群正逐步体现出对自我价值的重视，并将消费作为表达价值观途径之一，不盲目尊崇品牌，而是在意品质和格调，以及整体消费过程中的优质服务、体验感。三是健康精致的生活方式。巨量引擎联合 OMG 发布《2020 年中国新中产消费和媒介行为趋势报告》显示，健身相关概念阅读量大幅增长，同时无糖、低糖等代表着健康饮食的观念也受到消费者的普遍关注。四是积极探索的人生态度。信息获取的便利性让酒店消费者拥有更开放的接受度，乐于表达自我，且具有创新性。一切能让自己变得更好产品，他们都勇于尝试。具象到酒店行业，从功能定义上来说，酒店只是消费者离开家之后的吃

住之所，甚至可以极简到只是一个住的地方。但这并不符合新中产的消费心理——崇尚高品质、为颜值付费、追求精致美好、为自己喜欢买单，有人将之概括为感性精神内核下的“悦己消费主义”。在满足吃、住的核心需求后，在酒店中，酒店消费者开始思考精神追求——希望拥有更好、更多的体验，获得深层次的精神共鸣，让自己生活更好，工作更舒心，并获得幸福感。所以，酒店品牌在做好功能型产品，实现初级产品化的同时，必须实现产品的“体验化”，带领住客在空间里愉悦的吃喝玩乐，并与之形成超强的精神纽带。因此，在这种悦己消费主义的影响下，酒店服务回归服务本质则成为其可持续发展的优势。

改变的第一个关键在于认知的转换。长沙的酒店经营者，越来越认识到员工才是酒店企业核心竞争优势的根本来源，服务是一家酒店从竞争对手中脱颖而出的关键。优质的服务才是企业的核心竞争力。能够给酒店住客带来独一无二体验的不是酒店的设施，而是酒店的人。“待人如己”才是酒店财富的密码，何为“待人如己”，就是管理者希望员工怎样对待客人，管理者本人就得用同样的方式对待员工。改变的第二个关键在于调整流程，让优质服务直接在流程中体现出来。酒店行业中的标准运营程序（SOP）是指导酒店行业服务生产的标准，曾经对提高服务的规范性起到了重要的作用，经过一代代服务业的反复实践成为企业的服务习惯。然而，如同所有的习惯一样，SOP 也会自我加强并固化。一些服务项目顾客已经不需要，但仍然在做；一些服务项目能够强化顾客的服务体验，却未被纳入服务流程。改变的第三个关键在于揣摩顾客感受并将其体现为对服务细节的不懈追求。最近几年来，酒店品牌越来越多，但是能让客人印象深刻的服务不多。在竞争激烈的行业背景下，回归服务本质可成为酒店企业建立核心能力的重要抓手。

（二）数字化发展赋能是提高效率的重点

长期以来，长沙酒店行业在节省劳动力使用的技术进步手段十分有限，2020 年受新冠肺炎疫情的影响，无接触式服务应运而生，随着互联网基础设施的完善及人工智能、大数据和物联网的广泛运用，各种新技术让酒店的经营方式发生了改变。近年来，长沙部分酒店特别是华住旗下的全季酒店在广泛应用应用自动化、语音控制、人脸和动作识别等新兴技术改善服务体验和提高效率，取得了一定的效果。当然但也存在下面两个较大的误区。第一，将酒店行业中应用新技术提高效率的实践简单理解为应用送物机器人和自助入住终端等对客设施。事实上，酒店的技术运用体现在酒店企业内外部运营管理的各个方面，主要目的是降低人力与能耗成本、提高运营效率。第二，认为智能技术的运用可以替代人，甚至认为未来的酒店不再需要人。智能技术学习能力强、迭代快，在某些方面确实胜人一筹。但是只能信息技术完全替代人，则显得认知较为浅显。人是一种社会性动物，其正常社会生活的开展和再生产离不开人际互动。如果没有这种互动，人类社会也就不复存在。从这一点出发，让员工从烦琐、机械、程序化的工作中脱离，更好地投身于在恰当时候与客人的互动，可成为技术运用的一个重要方向。OTA 在疫情常态化的现代社会起到了举足轻重的作用。

（三）消费者“幸福感”体验将成为打造品牌的关键

悦己主义的盛行，Z 世代慢慢融到长沙酒店行业的消费人群，研究表明不论是消费物质产品还是服务产品，在注重产品质量的同时，消费者也非常注重品牌所蕴含的价值主张及消费过程中与这种价值主张形成共鸣而产生的情感愉悦和满足。因而，品牌不再仅仅是具备某种功能特性的产品的标识，而要为顾客提供一种身份认同并创造出与之相关的情感体验。

作为一个功能多样、能够承载各种体验的载体，理论上说酒店行业可以和很多要素进行有机结合，创造出令人难忘的体验过程。这里的要素，可以是物，也可以是人，还可以是承载这些物的“场景”。最理想的状态是，通过打造令人难以忘怀的体验，酒店本身将成为旅游目的地。体验的打造，意味着酒店行业中传统的、围绕着服务质量和效率建设的资源和能力可能已经不足以为企业提供可持续竞争优势。酒店企业需要更加开放地向外看，根据目标消费群体的偏好打造体验。

（四）未来酒店将成为生活方式的引领者

酒店、特别是综合型酒店，集中了社交、住宿、餐饮、休闲等多种功能，集中地展示出所属时代的领先生活方式。虽然酒店对生活方式的引领早就存在，但长期以来这种引领主要体现在将当时领先的技术和基于这些技术制造的设施、设备引入酒店，这些引入使得住店客人的生活更舒适、更方便、更安全，但是并不涉及对消费者生活理念的引领。新品牌的进驻，将更加引领社会发展的风潮，长沙在 2021 年 8 至 9 月将相继开业多家高星级酒店，如长沙 W 酒店集团、长沙施柏格大观酒店、长沙融创施柏格酒店等，这势必引领新的生活方式和生活潮流。

二、长沙市酒店行业发展的建议

2021 年长沙酒店行业呈现出以上四个方面的发展趋势，面对疫情常态化发展，在行业发展方面，本文提出以下建议：

（一）设立经济补助机制，整合业内资源

各级各部门设置在疫情常态化发展下针对长沙酒店行业专门设置的优惠政策是可取的措施之一，但这也未能解决部分店经营者经济实力不足的刚性问题，因此在优惠政策基础上还要设立经济补助机制，并对业内资源进行整合。

1. 设立经济补助机制

经济补助机制并不是让政府部门直接将资金交付于酒店行业，再让酒店行业自行分配，这无疑会导致政府部门自身财政承受巨大压力。正确的经济补助机制应当是根据酒店行业内各酒店经营表现来予以奖励，使此类酒店得到经济补助，能够继续发展，逐渐成为后疫情时代下行业内的龙头企业，并借助龙头企业作用带领其他企业朝前发展，最终实现酒店行业复苏。

2. 整合业内资源

为了解决现今受疫情影响较大的部分酒店经营者经济实力问题，政府部门可以牵头将各大酒店经营者联合在一起，实现业内资源整合，如建设资源共享机制，这样业内各大酒店经营者就能借助他人资源来弥补自身经济实力不足的问题，也让酒店有了新的发展动力，有利于酒店在后疫情时代复苏。增强全员公关和危机意识，公共关系是这样一种管理功能：它能建立和维持组织与公众之间互惠互利的关系，而一个组织的成功或失败取决于公众。随着新闻业的发展和战争的催化，公共关系在 20 世纪 20 年代急速发展，80 年代初引入我国。虽然在国内已经有了近 40 年的发展历程，但是大多数企业对于公关的意识还是比较薄弱。正如亨利•德

弗里斯在重新定义公共关系时所说的那样，“公共关系是老板的工作，它是为了建立和保持对于本组织成长和繁荣所必需的关键性群体的紧密联系”。只有公共关系的概念在最高层得到接受，它才可能得到普及并且变成组织文化的组成部分。

从酒店的危机事件来看，绝大多数都是由于内因——内部管控引起的。自从接受客人预订开始，到店、办理入住、在店期间的住宿餐饮休闲活动等，客人在店的一切行为与酒店全体员工都有着直接或间接的联系，酒店所有员工也就成了酒店的形象代言人，因此增强全员的公关和危机意识就显得很必要了，这可以更好地维护和提升酒店的影响力和美誉度，不断优化漏洞、减少损失，同时也能树立企业更好的价值观，增强凝聚力和稳定性。酒店的日常危机多发生在产品和服务方面，习惯采用免房费、免餐费或赠送水果礼物等将危机化解在舆情爆发之前，通常是由直接提供服务的部门如前厅、客房或餐饮部等和客人沟通协商解决。上述部门虽然处理了危机，但意识层面通常是将其定义为客人的投诉或抱怨，而非危机，在全民直播的时代，对小的投诉抱怨处理不慎，可能转瞬会演变成大的危机，而面客部门对于公众、媒体和系统公关的认知是比较局限的。酒店和媒体接触较多的部门是公关部 / 市场传讯部，该部门的职责多被界定在提升酒店的品牌形象和美誉度，极少参与日常危机的处理，同时还有对酒店具体业务条线接触深度不足的局限性，因此，当危机或舆情发生时，酒店难以在第一时间整合并专业有效地应对危机。在自媒体时代，酒店面临着更复杂的客户关系和环境，需要时刻保持高度的警觉应对危机管理。

（二）重视顾客需求，回归服务本质

重振酒店消费者对于长沙酒店行业的信心，克服其对疫情带来的酒店消费的恐惧心理，同时悦己主义的到来，也倒逼长沙酒店行业提升服务质量，提高服务品质，一切的着力点都在回归服务本质上。

（三）重视员工需求，引入线上办公机制

酒店一味提高内部工作人员的薪资报酬并不能有效制止人力流动现象，反而导致自身经济支出增长，经济成本大于经济收益，这显然是得不偿失的做法，因此酒店必须采用其他策略来作出应对。针对这一点本文建议酒店构建线上办公环

境，并引入绩效制来满足工作人员与酒店本身的需求，有效对人力流动现象进行治理。线上办公环境依托于信息技术，该项技术在疫情发生期间就在各大行业内被广泛使用，因此在后疫情时代其同样具备较高的应用价值，酒店行业应当重视信息技术，业内酒店需要通过相关技术去构建线上办公环境。建议酒店采用“轮班制”让相关岗位人员轮流实地办公，以便于处理一些特殊事务。引入绩效制，对于进行实地办公的岗位，酒店应当提升实地办公岗位任职人员的薪酬待遇。如果酒店只提升实地办公岗位待遇，可能会导致线上办公岗位人员的不满，说明要另寻他法来妥善处理这一问题。绩效制就是解决这一问题的良好方法，其作用于酒店内所有岗位，岗位工作人员的工作表现决定了他们的薪酬，这不但能激励所有岗位工作人员在努力工作，也满足了实地办公岗位任职人员薪酬待遇的提升需求。

（四）数字化时代，长沙酒店行业需扩大线上营销，引进智慧化管理模式

酒店还可以利用好数字化技术开展线上营销模式。首先，长沙各个酒店自身需要根据品牌特色以及城市特色建立好相关的网站信息。网站内主要包括酒店的简介、酒店产品更新以及酒店的客户档案。这样客户在浏览网页的时候能够对酒店进行大体的了解，提高网站的整体应用性。但是在介绍酒店方面，不能够从单一的角度出发，可以通过设置专栏的方式来将酒店的相关合作线上网站平台一一列出，同时还要提供网站的进入方式，方便客户也能够刺激客户消费，借助 OTA 来进行推广就是一个不错的模式。其次可以通过加强酒店合作平台的方式，来进一步促进酒店产品的宣传。通过设置预定网站，将酒店的产品以优惠价格展示在平台当中。这样既能够吸引客户入驻，扩大酒店的客户群体，同时也能够起到宣传酒店的效果，增加酒店的整体收入。

随着高新技术的进一步发展，目前已经处于智能化时代和数字化时代。为了顺应时代的发展，酒店行业也要与时俱进。而智慧化管理主要是通过智慧管理云平台系统，为酒店管理提供相关的数据集成、资源配置、信息管理等业务，能够有效提高酒店业的整体智慧化水平。酒店可以通过互联网技术构建起自己的智慧系统。其中主要包括物业管理系统、酒店资源计划系统、应急预案系统以及客房智能控制系统。其中物业管理系统主要负责的工作是客户的入住、退房等内容。

资源系统主要对酒店内的相关资源进行合理的配置。应急预案系统主要针对突发事件进行处理，而客房智能控制系统主要是为了满足客户的相关需求。

尽管酒店行业和旅游业遭受新冠肺炎疫情及其一系列连锁影响的重创，2021年，对长沙市酒店行业的我们仍然有理由对行业的未来充满信心。酒店行业是未来被智能技术替代可能性最低的少数几个行业之一，毕竟消费者只能亲自抵达酒店并躺在房间的床上才能获得一夜良好的睡眠。只要人类不停止旅行和旅游活动，酒店将一直是为旅行者同时提供公共性与私密性并确保安全性和舒适性的必需设施。新冠肺炎疫情带来的冲击客观上起到了品质筛子的作用，将那些效率低下、品质不高的供给淘汰出去。尽管 2020 年行业仍未看到全面复苏的曙光，但仍然可以坚信酒店行业是真正的朝阳产业，对行业未来更大的发展充满信心。

第五节　长沙市文化与旅游业发展总体趋势预测与建议

一、整体趋势预测

（一）2021 年假期城乡居民出游意愿和消费热情将空前高涨

据中国旅游研究院与中国旅游报做的一项调查预测显示，2021 年劳动节假期，城乡居民出游意愿强烈，消费热情高涨，出游人数、旅游收入分别超过和接近 2019 年同期水平。综合各地旅游部门、通信运营商、线上旅行服务商的数据，经中国旅游研究院（文化和旅游部数据中心）测算，整个劳动节假期，全国国内旅游出游合计 2.3 亿人次，同比增长 119.7%，按可比口径恢复至疫前同期的 103.2%；实现国内旅游收入 1132.3 亿元，同比增长 138.1%，按可比口径恢复至疫前同期的 77.0%，疫情防控常态化的旅游市场全面恢复。

（二）红色旅游或成节假日旅游市场亮点

2021 年是纪念建党一百周年，预测红色主题游将受到游客热捧；博物馆、革命纪念馆等也将吸引大批游客参观、研学，在旅程中缅怀先辈事迹。更多的年轻人参加红色旅游，深刻领会习近平总书记在劳动节前夕寄语“劳动创造幸福，实干成就伟业”，在红色旅游行程中感悟文化之美，增强文化自信。中国旅游研究院（文化和旅游部数据中心）调查显示，53.9% 的游客认为红色景点场景设置有新意，52.3% 的游客认为红色文化讲解和传播有创新，51.5% 的游客认为文化活动有创新，29.0% 的游客认为科技应用有创新。

（三）中远程旅游市场加速复苏，跨省游向疫前常态回归

团队旅游和跨省旅游复苏强劲，居民出游半径、停留时长、目的地游憩半径扩张明显，中国旅游研究院（文化和旅游部数据中心）联合中国联通利用大数据监测显示，游客平均出游半径 149.2 公里，目的地平均游憩半径 15.2 公里。调查显示，

游客选择省内跨市游比重为 47.0%，跨省游为 30.7%。中国旅游研究院（文化和旅游部数据中心）联合中国电信通过大数据监测显示，劳动节假日期间游客平均出游时长 2.1 天，较清明假期高出近 6 成，过夜率达 32.6%，较清明假期高 4.2 个百分点。

（四）自驾出游新风潮 亲子同行成主流

假日期间，VFR（探亲访友）成为出行动机的最大因素。中国旅游研究院（文化和旅游部数据中心）调查显示，在做出游决策时，家庭休闲动机占比 34.4%，亲近自然为 41.7%，亲子研学为 15.0%，文化体验为 7.6%。从交通工具选择上看，自驾比重为 54.7%，高铁为 25.0%，飞机 9.0%，家庭亲子游仍是主要类型，选择和家人一起出游的比重为 48.6%。

（五）乡村游和都市休闲游是假日旅游消费的主要去向

调查显示，游客游览山林水草景区比重为 30.8%，城市周边乡村占比 26.8%，郊区公园占比 20.4%，城市公园占比 11.5%。乡村旅游回暖提速，三、四线城市下沉市场活跃，小镇青年、农村居民也成为出游新势力。中国旅游研究院（文化和旅游部数据中心）大数据监测显示，乡村地区居民出游率达 14.3%，农民参与旅游的比例越来越高。公园、动物园、主题乐园、城郊景区等地客流增大，踏青、自然风光欣赏、美食和网红打卡吸引众多游客，都市既是主要客源地也是首要的旅游目的地。调查显示，游客在目的地游览商业街区的比例高达 89.0%。各地重点商圈人流增长明显，景区、主题公园、酒店、民宿、餐饮、文化娱乐等行业全面复苏，从游客花费去向看，餐饮消费占比 39.90%，购物占比 22.18%，门票占比 20.54%。

（六）参与文化活动成为多数居民出游的自觉

各旅游业态消费需求持续释放，假日市场供给满足不同客群消费需求，亲子、研学、“潮玩节”和各类文化活动等受到各个年龄阶段游客的追捧，中国旅游研究院（文化和旅游数据中心）调查显示，假日期间参与文化活动的游客比例达 92.80%，其中参与 2 项文化活动的游客比例为 82.70%，参与 3 项的为 22.72%，参与 4 项以上的为 8.31%。博物馆、图书馆、美术馆、文化馆、历史文化街区等公共文化场馆成为居民重要休闲空间，电影院、展览、话剧等有效满足人民群众的文化休闲和旅游消费需求，调查显示，游客参观历史文化街区的比例为 38.6%，博物馆为 28.6%，美术馆为 18.5%，图书馆为 8.7%，封闭型文化场所游客接待水平仍处于恢复通道。

（七）旅游服务设施落地游客满意度

基础服务设施较大程度影响着居民劳动节出游决策，根据中国旅游研究院（文化和旅游部数据中心）调查显示，相比景观质量、价格高低、人文风情、距离远近、气候舒适，居民在五一假期做出游决策时，41.1% 的游客认为当地基础服务设施起到决定性作用，34.3% 的游客认为起到次要作用。在旅游过程中，43.6% 的游客认为软硬件基础设施影响假期旅游体验 3 成至 5 成，27.4% 的游客认为影响旅游体验的 5 成以上。旅游基础设施体验基本满足游客需求，游客整体较为满意。调查显示，劳动节期间，游客对旅游休闲基础设施整体评分达到 84.2 分。有 45.8% 的游客对交通路网及换乘便捷性较为满意，对文化设施、网络及通信服务满意的比重分别为 36.9%、36.7%。在假期旅游休闲过程中，59.8% 的游客认为应该建设和提供更多的硬件设施，24.5% 的游客认为应该提供更加舒心的服务，16.4% 的游客认为完善硬件设施和提升服务均需提升。

（八）旅游市场供给丰富，旅游产品价格将略有上浮

假日期间旅游产品供给丰富，酒店、门票、机票等产品“量价齐升”，疫情防控压力大但总体可控，旅游市场主体在经受长时间压力之后，在劳动节假日期间获得感满满。智慧旅游应用更加普及性、场景化和平权化，科技赋能助力旅游治理和旅游服务水平提升。中国旅游研究院（文化和旅游数据中心）调查显示，32.0% 的游客体验了在线预订，33.0% 的游客体验了扫码、刷脸等无纸化入园，98.0% 的游客认可景区预约。假期各地旅游、住宿、餐饮消费旺盛，景点门票价格与平日基本持平，住宿、机票价格节日有所上浮。通过对 OTA 企业平台机票、酒店、景区等价格数据监测显示，假日期间旅游价格相对 4 月份整体上涨 15.2%。

（九）数字化将成推动文旅融合发展和深化供给侧结构性改革重要抓手

一是从产业发展的历程与演变来看，技术是实现产业融合创新的重要推动力，也是实现经济高质量发展的重要支撑。从文化和旅游业发展的历程来看，现代信息技术的应用与发展，推动了大规模文化和旅游消费，文化和旅游业的数字化进程从未停止。文化与旅游产业数字化，逐步打破文化产业和旅游产业的边界，推动两大产业向更广范围、更深层次、更高水平上实现深度融合。二是近年来，从出境游市场的火爆到对海外文化产品消费的快速增长，都反映出无论是文化产业还是旅游产业，在供给侧都面临着有效供给不足的问题，企业的产品和服务不能有效满足消费者对高质量文旅产品的需求。以产品和服务数字化、智能化为导向，积极推动文化与旅游产业转型升级、提质增效，无疑将减少低端无效供给，提升供给效率，满足多样化个性化的消费需求。同时，数字化也是应对突发公共卫生事件冲击的重要途径。新冠肺炎疫情发生后，以线下消费为特征的传统服务业受到较大冲击，但以线上消费为特征的新兴服务业并未受到太大影响，而且还获得快速发展。受此次疫情影响，各行业普遍加快了数字化转型的步伐。推动文化与旅游产业数字化可以有效避免突发公共卫生事件给产业带来的冲击。

二、整体建议

（一）科学制定旅游经济发展策略

旅游产业是一个集关联性、系统性、协调性等特征为一体的复合型产业，旅游经济的发展不仅取决于经济的增长，同时也受社会服务系统完善程度、生态环境变化、重要安全事件、国际突发危机等因素的影响，其属性具有显著的“敏感”性特征。因此，开展旅游系统敏感性评估与风险防控，是当前制定旅游经济科学发展策略、提升国家新安全观、推动旅游高质量发展的客观要求，具有很强的实践和理论价值。建议文旅部门组织专业研究团队对各行政区域旅游经济系统的风险性及敏感性状况进行科学评估，在公布旅游经济增长数据的同时，也定期发布旅游经济系统风险性敏感指数，从而为各区域旅游经济系统的风险性防控提供政策依据。

（二）重视乡村旅游的健康发展

更加注重乡村旅游高质量发展，要突出三个理念：一是美丽乡村理念。美丽乡村，是美丽中国的生动诠释。乡村旅游高质量发展要充分挖掘和营造乡村的美丽元素，给游客提供赏心悦目、舒心益智的美好体验。二是健康乡村理念。健康是乡村旅游的前提，也是乡村旅游的效应。要转变只重游客的娱乐体验，不重视游客健康身心发展的乡村旅游发展观念。要规划设计更多满足游客身心健康的乡村旅游产品和服务。三是智慧乡村理念。智慧旅游是旅游业主动适应全球新技术趋势的发展状态，是长沙市旅游业转型升级的方向，也是增强长沙市旅游治理能力的必要手段。乡村旅游景区的市场营销、容量管理、过程监控、危机应对需要借助人工智能、VR、云技术、5G 等现代技术手段，实施智慧化管理。

（三）精准帮扶，引导企业自救

1. 助力企业，促进生产恢复

一是以“链”为要，主保核心链条。重点帮扶处于旅游产业链核心的客源组织性企业，保障旅行社及相关 OTA（在线旅游）企业渡过难关，恢复对上下游企业的客源、资源供给，激发产业链内在动力。帮扶政策要精准设计，实行属地管理、一地一策，特别是帮扶湖南旅游龙头企业应一企一策、一企多策。二是引导旅游企业多途自救。如通过旅游产品预售锁定疫后消费群体；依托互联网，以“云带货”的方式销售旅游地季节性特色商品；考虑到我国 60 岁以上人口规模已达 2.49 亿，着力开发储备老年人旅游产品，服务疫后第一批有闲群体。

2. 释放时空，创造出行条件

国际旅游受制于全球环境，一国一省难有作为，但我国率先控制疫情后的国内旅游大有可为。一是开放空间。落实分区分级管理指导意见，鼓励旅游景区适时、适当、适度开放。同时将旅游空间从传统旅游景区向自然空间、乡村区域扩展，化疫情带来的“危”为长沙市乡村旅游发展的“机”，助力乡村振兴。二是释放时间。当前我国已强力启动以消费增长促经济发展，应科学安排学生学习和企业生产时间，通过教学方式方法创新和提高企业劳动生产率，尽量保证全社会双休日和学生暑期时间。

3. 激活市场，丰富湘游产品

提振旅游消费信心需要多维发力。一是科普宣传，提振出游信心。正确传播病毒防控知识，打消公众的过度担忧，鼓励消费者科学防控、安全出行。二是扬长避短，丰富湘游产品。最新一项调查表明，疫情过后消费者最大的出游意愿是去热带滨海度假，占到受访者的 54%。长沙市不具备这样的资源条件，但与此同时愿意去民宿、山地、户外、乡村旅游的消费者分别占 42%、36%、19% 和 18%。因此，应充分发挥长沙的资源优势，构建市内多主题微旅游产品，构建以旅游景区、美丽乡村、森林公园等为主体，车程在 2 个小时左右的周末城郊微旅游产品，重点开展乡村休闲、森林康养、户外运动、文化体验等主题旅游活动。

（四）软硬齐抓，完善公共服务

全域旅游理念的核心是完善旅游公共服务，而这也是提质升级湖南省旅游产业亟待破解的瓶颈。一是让硬件更便捷。旅游公共服务的核心在交通。目前湖南省改善旅游公共服务硬件的重点在于提高森林、湿地、乡村的末端可进入性。应加快乡村道路改造和乡村停车设施建设，推进乡村旅游露营地建设，让旅游者进得来、留得住；要及时向公众推介设施基本完善、条件良好的湖南乡村旅游线路，拓展自然游憩空间。二是让软件更智能。政府职能部门应联合行业协会担当起旅游信息实时收集、发布和引导旅游人流职能，避免游客大规模集聚。交通、文旅部门应密切协作，完善省内自驾游信息服务。同时鼓励旅游企业加快构建一站式智慧服务平台，推出“免接触式”旅游服务，形成集电子“导览”“导游”“导购”“导停”“导厕”于一体的智慧游览体系。

（五）积极推动文化与旅游业向数字化转型

近年来，数字技术在文化与旅游产业的加快应用，推动了在线旅游和数字文创产品的发展。数字化时代实现文旅融合高质量发展，应积极推动文化与旅游产业向数字化转型。尤其是在当前疫情下，更凸显了文化与旅游产业向数字化转型的重要性。应加快推动文旅全行业树立数字化思维，强化管理部门的职能整合，推动产品开发设计；加快文化与旅游产业领域的数字化基础设施建设，为文旅深度融合提供技术支撑；积极引导文旅企业加大对数字技术应用的研发，提升文旅企业自主创新能力；加快文化与旅游产业数字化平台建设，以数字化对文化与旅游产业进行全方位、全角度、全链条的数字化，重构文化与旅游产业供应链和产业生态，推动数字化的新模式和新业态的快速发展，为文旅融合注入新动力；大力推动数字化技术改造传统文化和旅游产业，并推动文旅新业态的数字化进程，提升数字技术对文化与旅游产业的融合度与渗透力。

（六）加快培养数字化人才

推动文化和旅游深度融合发展，不仅需要既懂文化专业知识又懂旅游专业知识，也需要懂数字化方面知识的复合型人才。因此，未来应加快培养数字化人才，提升支撑数字文化与旅游产业发展的人力资本；积极引导文化和旅游系统人才培养变革，选择一批高校试点，在人才培养方案中加入培养数字化思维与数字技术应用的相关课程；出台政策引导数字人才投身文化与旅游产业发展，优化人才引进和培养环境，为其发展提供良好的空间；激发行业协会、培训机构、咨询公司等第三方组织在文化与旅游产业数字人才培养中的作用，提升全行业从业者的数字化素养；积极推动职业院校与文旅企业共建实训基地，提升数字化技能实训能力。

（七）完善支撑数字文化与旅游业发展的政策体系

数字文化与旅游产业的发展离不开多层面的政策协同与配套。应进一步完善数字经济市场体系，推动形成数据要素市场，实现文化与旅游产业发展的数据共享；积极推动文化与旅游产业管理部门实现治理方式变革，进一步完善数据平台建设，打破数据分割，推动管理部门决策科学化、公共服务高效化；进一步推动文化与旅游产业的“放管服”改革，加快建立适应数字文化与旅游产业发展的法律法规、管理规范、行政条例、考核体系和产业统计体系等建设，为数字文化与旅游产业发展提供良好的环境；研究制定并推动有关部门出台《促进数字文化与旅游产业发展的指导意见》，明确数字文化与旅游产业发展的方向、原则、任务、方式、保障；

加强财税政策对数字文化与旅游产业的支持力度，设立数字文化与旅游产业专项资金，积极引导金融机构加大对数字文化与旅游产业发展示范项目、重点项目的信贷投放，多方位加大对数字文化与旅游产业的财政投入力度。

第四章
2020 年度长沙市文化与旅游业发展大事记

2020 年度长沙全力对冲疫情影响，积极复苏城市烟火，文旅市场在回暖中稳步发展。长沙以创建国家文化和旅游消费示范城市为抓手，防促并举、统筹联动、项目支撑、品牌引领、活动引爆，引导和扩大文旅消费，积极探索“音乐 + 艺术 + 网红 + 消费”“文艺 + 景区 + 消费”等新模式，进一步丰富产业业态，提升产业品质，高标准、高质量推进国家文旅消费示范城市的创建。

一、全市多家景区面向全国医务工作者实行全年免票

新型冠状病毒肺炎疫情发生以来，全国成千上万医务工作人员迎难而上，奋战在疫情防控第一线，为致敬“白衣天使”，致敬医者仁心，致敬医务工作者“舍小家为大家”的无私精神，长沙石燕湖旅游区、靖港古镇等多家旅游景区陆续发布暖心公告，自恢复营业起至 2020 年 12 月 31 日，为全国医务工作者免门票，更有景区将免票期限延长至疫情结束之后 3 年内。截至 2 月 18 日，湖南省已有上百家景区加入了“暖心”送票行动，为奋战在抗疫前线的白衣天使加油鼓劲。

2020 年因新冠肺炎疫情被按下暂停键，白衣天使们不顾生命危险，奋战在防疫一线，但人间真情永不止步，待祖国山河无恙，希望我们的英雄们可以身体健康，面带微笑走进锦绣湖南，欣赏大美湖湘。

（资料来源：三湘都市报）

二、启动文旅月，促文化与旅游业复苏

为促进消费回补和潜力释放，推动全市文化旅游经济全面复苏、平稳增长，奋力完成全年文化旅游发展目标任务，助力实现创建国家文化旅游消费示范城市的总体目标，长沙市文旅广电局于 2020 年 3 月 24 日召开新闻发布会，宣布启动“山水洲城・沁园春——长沙文旅月”。

此次发布会，主要发布了各区县市的特色文旅活动，开放的景区、休闲农庄、乡村旅游，文化旅游购物店、餐饮店、网红店、文化旅游街区和小镇及其开展的特色活动。本次发布的特色活动结合资源优势，主题鲜明，各富特色。

长沙市文旅广电局局长杨长江介绍，长沙市文旅业将以本次发布会为抓手，全市文旅业将积极投身“大干一百天，实现双过半”竞赛活动，全力按下文旅业复工复产的“快进键”，奋力开启市场复苏的“加速度”，下好“先手旗”，打好政企组合、城市与农村组合等组合拳，奏响全产业链的“交响曲”，全面推进国家文化旅游消费示范城市创建，不断满足人民健康生活消费需求，为全省文化与旅游业振兴发展做出省会担当，为全市经济社会发展交出文旅答卷。

（资料来源：市文旅广电局）

三、长沙音乐厅举办复工首演音乐会

6 月 10 日晚，湘江与浏阳河交汇处的长沙音乐厅重又灯火辉煌，乐声随湘江、浏阳河水流淌，赶赴长沙听众期待已久的约会，迎来了疫情后的首场演出——长沙音乐厅 & 长沙交响乐团 2020 年复工首演音乐会。这标志着长沙文旅系统最后一个公共文化场所恢复开放。至此，长沙文旅已全面复工。

首场“回归大秀”可以说是备受瞩目与期待。音乐会由长沙交响乐团音乐总监、首席指挥肖鸣执棒，80 年代后崛起的最有成就的钢琴家之一宋思衡担任钢琴独奏，长沙交响乐团担任演奏，将为乐迷朋友献上吕其明所作的气势恢宏的交响诗《红旗颂》、音乐家殷承宗根据著名作曲家冼星海所作的《黄河大合唱》改编而成的钢琴协奏曲《黄河》，以及贝多芬《c 小调第五交响曲“命运”》等作品。观众进入音乐厅均需佩戴口罩，持居民身份证和健康绿码入内；进入音乐厅，观众采取间隔而坐的方式，整体上座率控制在 50% 以内。

在常态化疫情防控的形势下，举办 2020 年的首场音乐会，旨在进一步凝聚人心、坚定信念，壮大复工复产、助推文旅融合发展的力量。从经历停摆到全面复工，长沙文旅走过不平凡的 150 多天。从凛冽寒冬到热情的盛夏，长沙文旅也像划过了一条“微笑曲线”，迎来了复苏时刻。

（资料来源：华声在线）

四、湖南非遗展示体验馆正式对外开放

6 月 13 日，2020 年“文化和自然遗产日”湖南非遗宣传展示活动暨《“薪火湘传”湖南省国家级非遗代表性传承人口述史》（第一卷）新书发布会在长沙的湖南省文化馆举行，标志着设在省文化馆二楼湖南非物质文化遗产展厅旁的湖南省非遗展示体验馆正式对外开放。

2019 年年底，湖南省非遗保护中心对湖南非遗展厅进行了扩容及提质改造：增加了体验互动平台，提升了观众的互动性；改建了一个非遗展示体验馆，设置非遗扶贫工坊产品销售区、非遗精品展示区和非遗学习体验区。改造后，湖南非遗展厅展示面积增加到 600 平方米，除日常免费开放外，还将在非遗展示体验馆每月策划组织非遗专题展，每个周末组织开展非遗体验课堂。同时，与全省非遗

项目相关企业、单位及传承人合作构建湖南非遗展示交易一站式服务平台，提升服务受众面。

非遗展厅分为三个篇章，通过精美的图片、文字、实物及音像等对湖南各地省级以上非遗保护项目进行集中展示，其中不乏享誉世界的瑰宝。第一篇章为湘风湘俗，包括祭祀、庙会、节庆、生活习俗、民间文学五个部分，呈现了多姿多彩的湖湘民俗文化；第二篇章为湘人湘艺，包括织绣、编织、陶瓷、雕镌、饮食、美术、医药七个部分，展现了湖南民间艺人高超的手艺；第三篇章为湘音湘韵，包括民歌、民乐、民舞、戏剧、曲艺五个部分，让您全面感受湖南非遗表演类项目的韵味与风情。

下一步，湖南省非物质文化遗产保护中心还将启动湖南省非物质文化遗产数字馆建设，进一步加强非遗与互联网融合发展，进一步拓展湖南非遗线上展示空间，加大对湖南非遗的宣传与传播力度。体验馆将定期举办湖南非遗传统工艺项目精品专题展，将常态化开展湖南非遗的展览、展示体验、教学及传习活动，是广大民众熟悉和学习湖南非遗的窗口。

（资料来源：中国旅游新闻网）

五、举办湖南（国际）文化旅游产业博览会暨文化和旅游装备展

2020 年 6 月 19 日，2020 湖南（国际）文化旅游产业博览会暨文化和旅游装备展（以下简称“旅博会”）在长沙的湖南国际会展中心开幕。本届旅博会展馆面积约 4 万平方米，共设置了 6 大主题展区，吸引了包括贵州、江西、广西等省外和省内 386 家展商前来参展，展览面积、展商数量等均创历史新高。其中长沙市以“山水洲城快乐之都”为主题，布置了长沙形象展示馆充分展现了省会城市的魅力与风采。长沙馆的总体造型宛如琴键与折扇，黑白琴键上跳动着一个个叫快乐的音符；“扇”与“善”谐音，扇子也寓意“善良”“善行”。琴键与折扇意喻张开的双臂拥抱八方来客，表达出长沙人民的善良热情、长沙城市的宜居宜业，长沙文化旅游的诗与远方。此外，长沙还布置了望城区、浏阳市两个全域旅游成果展示馆，浏阳市文家市镇、望城区铜官古镇、长沙县果园镇三个特色文旅小镇展示馆。

为更好地促进文旅消费复苏，本届旅博会特设了“超级旅游大卖场”，湖南国旅、湖南中青旅、宝中国旅等40多家旅游企业带来近百条特惠旅游线路，市民游客在体验房车等新业态的同时，还能购买到优质实惠的旅游路线、景区门票、酒店房券、伴手礼等产品。旅博会期间，还将举办文化和旅游部文化产业项目服务平台文化产业精品项目对接交流会暨湖南文旅投融资大会、文旅融合·锦绣潇湘之夜、湖南文旅扶贫工作交流暨湖南民宿产业发展调研报告发布会等多项主题活动。

（资料来源：文旅长沙）

六、举行湖南省十大特色文旅小镇授牌仪式

为发挥特色文旅小镇的引领带动作用，促进新型城镇化和乡村振兴，加快湖南文化旅游强省建设，按照省政府的统一部署，经民宗和文旅部门推荐、现场考察、专家审议、党组研究等程序，并报省政府批准，2020年湖南省十大特色文旅小镇正式出炉。

7月15日上午，2020年湖南省十大特色文旅小镇授牌仪式在长沙举行，省文化和旅游厅党组成员、副厅长高扬先主持授牌仪式，龙山县苗儿滩镇、凤凰县山江镇、江华瑶族自治县水口镇、溆浦县北斗溪镇、桑植县洪家关白族乡、新宁县崀山镇、炎陵县鹿原镇、资兴市黄草镇、长沙县开慧镇、石门县壶瓶山镇获授牌。省委宣传部副部长、省文化和旅游厅党组书记禹新荣，省委统战部副部长（兼），省民族宗教事务委员会党组书记、主任向恩明共同为2020年湖南省十大特色文旅小镇授牌。

2019年首批湖南十大特色文旅小镇持续提升文化内涵、加快文旅融合和产业发展，品牌影响进一步扩大，总体上取得较大进展，发挥了典型性、引领性和示范性作用。2020年推出的第二批省级特色文旅小镇，突出了民族风情，拥有较强旅游吸引力和辐射带动效应，对乡村振兴、精准脱贫、新型城镇化建设和文旅融合具有极大促进作用，对加快全省文旅产业高质量发展具有重要意义。

（资料来源：湖南省文化和旅游厅官网）

七、启动首届“夜星城”消费节活动

7 月 26 日晚，长沙市“夏季有礼 • 秋天有韵”长沙消费季——首届“夜星城”消费节活动在黄兴路步行街中央广场正式启动。长沙各行业协会发布了丰富多彩的活动，字节跳动、美团、腾讯、阿里等平台进行了活动推介。

“夜星城”消费节活动从 7 月 26 日开始，至 10 月 31 日截止，为期 98 天，涵盖暑期、七夕、中秋、国庆等节假日，其中活动类型之多、规模之大，参与企业和单位之多，皆前所未有，是全国首创的大型夜经济主题促销活动。

“夜星城”消费节活动涵盖了吃住行、游购娱等各类夜间消费板块，包括了六项内容，分别为首届“夜星城”消费节启动仪式、长沙夜经济示范之“最美夜购”评选、“嗨购星城 • 越夜越开心”主题促销活动、“夏之恋 • 夜游星城”主题活动、活动优秀新闻作品评选、2020 中国城市夜间经济发展峰会暨“夏季有礼 •秋天有韵”长沙消费节——首届“夜星城”消费节闭幕典礼。

举办首届“夜星城”消费节，目的是进一步营造全市浓厚的消费氛围，把被抑制、被冻结的消费释放出来，培育壮大在疫情防控中催生的新型消费和升级消费。通过一系列促消费主题活动，提供吃住行游购娱于一体的消费新场景，积极引导本地市民和外地游客来长消费，促进商贸文旅会展融合发展。同时，进一步打造一批网红、知名度高的夜间经济消费商圈、街区、场景和名片，创新长沙夜经济发展新模式，推进长沙夜间经济发展，凸显长沙作为“中国十大美好生活城市”和中部第一“网红城市”的独特魅力。

（资料来源：红网）

八、举办湖南省第九届网络文化节暨“2020 青春芒果节”

7 月 31 日下午，湖南省第九届网络文化节暨“2020 青春芒果节”在长沙的湖南国际会展中心芒果馆举行开幕仪式。青春芒果节以引领青年文化、传递青春精神为内核。2020 年是全面建成小康社会目标实现之年，是全面打赢脱贫攻坚战收官之年，在这样的特殊时刻下，青春芒果节全面升级为湖南省第九届网络文化节的核心活动，并向全社会展现时代精神的青春榜样发出邀请，打出了“青春榜样，乘风破浪”的主题，用榜样之光照亮青春征程，传播青春态度。除青春芒果节外，

2020 年的湖南网络文化节还涵盖了“湖湘好网民”年度新风大典、“决战决胜全面小康 • 精准脱贫在三湘”、金鹰电竞王者荣耀芒果赛道、点亮中国夜经济版图湖南站暨寻湖湘记等 7 大子活动。

“青春芒果城”IP 线下实景潮玩互动乐园也正式面向市民开放，“马栏山音乐节”在马栏山视频文创产业园举行。除了青春芒果城奉上的 IP 盛宴、马栏山音乐节的潮玩乐园以及星光璀璨的青春芒果夜外，还创新性地加入城市文化活动“青春芒果节，打卡长沙城”，通过全长沙热门地标打卡活动、8 场姐姐快闪活动等，将一个“节”与一座“城”联结，把整个长沙都纳入到节日氛围中，在塑造青年文化符号的同时，以“文化 + 城市”“文化 + 旅游”的形式，打造了媒体与城市融合的经典范本，为长沙“网红城市”文化名片和“世界媒体艺术之都”称号再添重头戏。

（资料来源：扬子晚报）

九、举办“南孔圣地 · 衢州有礼”城市品牌推介会

8 月 22 日上午，“南孔圣地 • 衢州有礼”城市品牌推介会在湖南长沙举行。本场推介会以“招才引智”为主题 ，不仅介绍了衢州的“招才引智”政策，通过历史文化、人才政策、营商环境、饮食共同点等要素，宣传推广“南孔圣地 •衢州有礼”城市品牌，吸引长沙高校学生赴衢工作创业，促进高端人才的流动与集聚，同时还推出了面向长沙市民的免费游政策，鼓励两地文旅企业加深合作，吸引更多湖南地区游客畅游衢州、尽享浙西古城的人文山水之美。

近年来，湖南在衢人士广泛奋斗在工商业、教育事业、公共服务、医疗行业等领域，为衢州城市建设作出了重要贡献。本次推介会中，衢州发布了多项政策广纳贤才，为来自湖南的专业人才赴衢生活提供各项便利，吸引更多潇湘学子赴衢创业兴业。据介绍，衢州对博士研究生、硕士研究生、紧缺专业的本科生及老师或医生岗位均有补助，也支持青年人才参加继续教育、学术交流和出国（境）培训，并大力推动青年人才到企业转化科技成果，优秀人才还可以领取衢州政府津贴。

衢州市委常委、宣传部部长钱伟刚从南孔文化、衢州有礼文化、衢州未来“大三城”发展三个方面进行衢州城市品牌推介，向长沙市民发布“南孔圣地 •衢州有礼”

城市品牌，展示衢州——“一座最有礼的城市”。现场发布了衢州招才引智政策，邀请更多湖南本地人才赴衢兴业。现场启动长沙市民免费游衢州活动。9 月 1 日至 30 日衢州所有景点对长沙市民免费开放，含双休日。

（资料来源：澎湃新闻）

十、举办湖南省瓷茶产业融合发展大会暨文旅推广活动

古丝绸路上，“瓷”和“茶”作为中华文化符号千年相伴、交相辉映，向世界传播着中国声音。如今，作为亮丽的“湖湘名片”，湘茶与湘瓷再度携手，共拓茶瓷产业融合“五彩”新未来。

8 月 22 日上午，“潇湘五彩 • 瓷茶风云”湖南省瓷茶产业融合发展大会暨文旅推广活动在长沙启幕，将进一步助推湖南瓷茶产业融合发展，广泛开展跨产业、跨区域合作，促进湖南省瓷、茶产业做大做强，探索湖南跨区域产业融合的新方向。

本次活动以“潇湘五彩 瓷茶风云”为主题，活动内容丰富多彩，共有“潇湘五彩 •瓷茶风云”瓷茶产业融合发展大会、瓷茶艺术创新展、产业融合发展研讨会、互动体验活动、瓷茶旅融合发展精品线路推介会等五大主题活动，旨在进一步推动“五彩湘茶”和“五彩湘瓷”产业强强联合，构建“瓷 + 茶”新产业型态，助推“瓷、茶、旅”三大产业融合发展，深度融入“一带一路”，落实党中央提出“六保六稳”要求，推动我省经济、社会发展。

大会推出了瓷旅、茶旅融合发展精品线路，醴陵市、安化县共同发布了瓷茶产业融合发展的政策，醴陵市和安化县、石门县分别签署了产业融合框架协议，9 个县市区展示了特色产品，会上还发布了瓷茶融合大师作品。

此次活动以“瓷茶融合”发展的探索为起点，促进更多产业的深度融合。国家提出“双循环”战略，尤其是内循环的刺激和拉动。湖南作为一个创新大省，不仅是瓷与茶，更多的产业与产业之间，都可以打破地域、行业、政策的壁垒，探索融合发展的无限可能。

（资料来源：湖南日报）

十一、岳麓山忠烈祠入选第三批国家级抗战纪念设施、遗址名录

9 月 3 日，为纪念中国人民抗日战争暨世界反法西斯战争胜利 75 周年，经党中央、国务院批准，第三批 80 处国家级抗战纪念设施、遗址名录正式公布，其中，湖南长沙的岳麓山忠烈祠入选。

岳麓山忠烈祠原为纪念民族英雄岳飞的岳王庙，位于长沙岳麓区岳麓山赫石坡，坐落在湖南师范大学校园内。1939 年由当时国民革命军第十集团军总司令刘建绪主持改建为忠烈祠，旨在纪念抗战阵亡将士，与岳王亭、爱国诗词碑廊、陆军第七十三军抗战阵亡将士公墓等组成了岳麓山抗战文化园。

现在，市民游客前往忠烈祠，不仅能了解到“湘北会战”“长衡会战”“长沙大捷”等四次长沙会战的悲壮历史，在祠的右侧壁上还能看到国民革命军第十集团军总司令、第四路军总指挥刘建绪撰并书的《第四路军阵亡将士麓山忠烈祠记》：“我湘人之守土者艰苦支持，前仆后继，或伤夷过半，或全军俱殒，作战之勇，死事之烈，诚足以撼天地而泣鬼神……”长沙这座由烈士的鲜血染红的城市，在世界反法西斯的历史上留下了浓墨重彩的一笔。

（资料来源：长沙晚报）

十二、湘吐文化旅游云上推介会在长沙、库尔勒、吐鲁番三地同步举行

9 月 22 日，由新疆吐鲁番市人民政府联合湖南省文化和旅游厅、湖南省援疆前方指挥部共同举办的 2020 年“旅游消费在行动 • 湖南人游吐鲁番”湘吐文化旅游云上推介会在长沙、库尔勒、吐鲁番三地同步举行。湖南省委常委、宣传部部长张宏森，新疆维吾尔自治区党委常委、副主席艾尔肯 • 吐尼亚孜等分别在湖南和新疆会场共同启动活动。

本次活动旨在进一步推进“一带一路”建设，立足构建新发展格局，依托对口援疆平台，增进湘吐两地文化旅游合作交流，吸引湖南及全国游客走进火洲大地，深入体验吐鲁番，为创新旅游宣传营销搭建云上旅游平台，打造“丝路明珠吐鲁番”旅游目的地新形象。

活动现场，湖南和新疆两地旅游行业协会及旅行社分别签订了战略合作协议和互送客源合作协议，双方将尽快促成秋冬季专列、包机在吐鲁番落地，输送更多疆外游客到吐鲁番旅游。同时，吐鲁番还将专门设立“湖南人游吐鲁番”奖励政策，前 5 个累计达到 500 人的组团旅行社奖励 5 万元；针对全国旅行社，按专列、航空、大巴、自驾等方式进行激励奖补，全面激活吐鲁番市旅游市场。

活动采用视频连线、云上推介的方式，向湖南及全国游客展示“新疆这个好地方——丝路明珠吐鲁番”的独特魅力，着重宣传了吐鲁番的文化旅游资源。

（资料来源：湖南省文化和旅游厅官网）

十三、举行雅砻文化旅游节湖南分会场启动仪式暨山南文化旅游和招商引资推介会

9 月 25 日上午，2020 雅砻文化旅游节湖南分会场启动仪式暨山南文化旅游和招商引资推介会在长沙举行。湖南省委常委、常务副省长谢建辉宣布湖南分会场活动启动并见证湘藏两地合作项目签约。湖南省委宣传部副部长，湖南省文化和旅游厅党组书记、厅长禹新荣致辞。

雅砻文化旅游节是西藏山南一年一度的文化盛会，是促进西藏和内地交流、交往、交融的重要平台。2020 雅砻文化旅游节由山南市和湖南省共同举办。这一次，这项节会走出山南，跨越山河来到了湖南。禹新荣在致辞中表示，近年来，湖南省文化和旅游厅通过规划援藏、项目援藏、资金援藏、游客援藏等多种方式和模式，不断加大文旅援藏投入和力度，为推动山南文化与旅游产业健康快速发展注入了强劲动力。

启动仪式上，播放了山南招商引资和旅游宣传片，并发布了山南市产业优惠政策，推介了重点招商项目。“百万主席家乡游客进山南”旅游营销活动也举行了启动仪式。该活动拟从 2019 年到“十四五”中期，在湖南省文化和旅游厅和湖南第九批援藏队的联合推动下，通过两地文旅行业开放合作、产品创新、媒体推广、活动营销、市场联盟、政策奖励等系列举措，实现 100 万名湖南游客游山南的市场目标。

（资料来源：湖南省文化和旅游厅官网）

十四、第六届湖湘动漫月暨第二届长沙（国际）动漫游戏嘉年华开幕

10 月 30 日，由中共湖南省委宣传部、湖南省文化和旅游厅、中国国际贸易促进委员会湖南省分会共同主办的 2020 第六届湖湘动漫月暨第二届长沙（国际）动漫游戏嘉年华在湖南国际会展中心开幕。

本届湖湘动漫月活动以“科技新动漫、文旅新融合”为主题，设有四大板块“1+1+2+10”系列活动（即 1 个嘉年华活动、1 个漫乐游云上湖湘动漫月活动、2 个论坛对接会、10 个市州分活动），重磅打造动漫游戏线下体验 + 云上展销的新消费模式，构建湖南动漫游戏产业展览展示、交流交易平台，加快动漫游戏产业全产业链创新创业，推动全省动漫游戏产业高质量发展。

“2020 第六届湖湘动漫月暨第二届长沙（国际）动漫游戏嘉年华”有 5G 直播助推“现场带货”、无人机编程表演、新产品新技术体验专区，新项目发布、“动漫虚拟人物及场景生活化”、“景点区沉浸式体验”等。根据疫情防控需要及数字化服务发展趋势，采取线上线下结合的方式，展示一批动漫游戏领域新模式新成果。

（资料来源：湖南省文化和旅游厅官网）

十五、2020 年湖南省“欢乐潇湘”精准扶贫优秀文艺作品展演活动

11 月 3 日晚，“富饶美丽幸福新湖南”2020 年全省“欢乐潇湘”精准扶贫优秀文艺作品展演在湖南省戏曲演出中心举行，还通过公共文旅云等平台同步线上直播，吸引了 300 余万人在线观看。湖南省人民政府副省长谢卫江，省委宣传部副部长、省文化和旅游厅党组书记、厅长禹新荣等领导出席并观看演出。

本次展演由春意潇湘、情暖潇湘、幸福潇湘三个篇章组成，集中呈现全省优秀代表作品，为观众们带来了一场高质量高水平的视听盛宴。一曲情景表演唱《美丽乡村》拉开了演出的序幕。歌舞《春来了》《我的好兄弟》、小品《负“鸡”请罪》《蹚出新路子》、器乐表演《田园交响曲》、渔鼓《情暖潇湘我先开唱》、表演唱《网红带你逛潇湘》等形式多样、丰富多彩的节目接连上演，赢得了观众们热烈的掌声。

“欢乐潇湘”是湖南省规模最大、影响最广的品牌群众文艺活动。2020 全省“欢乐潇湘”精准扶贫优秀文艺作品巡（展）演活动以“决战脱贫 决胜小康”为主题，创作巡（展）演一批反映我省人民在脱贫攻坚、全面小康建设中取得的巨大成就，

讴歌党、讴歌祖国、讴歌人民、讴歌英雄，展现新时代湖南人民美好生活的优秀群众文艺节目。

（资料来源：湖南省文化和旅游厅官网）

十六、举办 2020 年湖南省旅游饭店业职业技能竞赛

11 月 8 日至 10 日，由湖南省文化和旅游厅、湖南省人力资源和社会保障厅、湖南省总工会、湖南省妇女联合会联合举办，湖南省旅游饭店协会承办的“2020 年湖南省旅游饭店业职业技能竞赛”在长沙举行。来自全省 14 个市州组织的代表队共 123 名优秀参赛选手齐聚一堂，在前台接待、中式铺床 / 开夜床、中餐宴会摆台、中式烹饪等 4 个竞赛项目展开个人赛角逐，各路选手一展风采，充分展示出我省旅游饭店业从业人员的良好风貌和高超技艺。

本次大赛以“培育湖湘工匠，服务产业发展”为主题，以推动我省旅游饭店业高质量发展为宗旨，通过举办技能大赛活动，展示我省饭店从业人员爱岗敬业的精神风貌及良好的职业素养和娴熟精湛的业务技能，大力营造“尊重知识、尊重人才、崇尚技能”的良好行业氛围。这次大赛是在疫情防控常态化、国家发展新格局下、各行各业快速恢复生产并取得大好局面下举办的一次行业竞赛。通过举办本次技能大赛，发现、检验、选拔了一批高水平、高素养专业服务技能人员，带动、培养、锻造了一支技艺精湛、文明有礼的旅游服务队伍，为推动湖南省文旅经济加快恢复振兴、实现高质量发展提供了坚实的人才保证。

（资料来源：湖南省旅游饭店协会统计数据）

十七、举办 2020 中国红色旅游博览会

2020 中国红色旅游博览会（以下简称“红博会”）11 月 15 日在湖南长沙开幕。湖南省委副书记、省长许达哲致辞并宣布开幕。

本届红博会以“红色土地 • 全面小康”为主题，由三大主体活动、五大系列活动和六大分会场活动组成。三大主体活动包括红博会开幕式、红博会展览、“爱上红土地”红色旅游扶贫创新发展论坛暨 2020 湘赣红色旅游推介会，五大系列活动包括发布会、“江山如此多娇”红色交响音乐会、红色电影周暨《桃花烟雨》湘

赣精品戏剧展演、2020 湖南红色旅游文化节、湖南红色旅游精品线路考察。六大分会场包括长沙浏阳、郴州汝城、岳阳平江、株洲茶陵怀化通道和永州道县。其中，怀化通道和永州道县分会场活动已于 8 月 21 日和 9 月 25 日举办。

线上展馆通过电商平台常年推介和展示湘赣两省红色文创产品、旅游商品。线下展区分“江山多娇”全国展区、“芙蓉朝晖”湖南展区、“风景独好”江西展区等 8 个展区，主要展示在党的领导下中华民族实现全面小康的崭新天地和走向伟大复兴的美好前景，以及湖南、江西、湖北等湘赣边地区红色旅游发展成果。其中“红旗如画”红色文物展区深度融入了湖南文化特色，展示了湖南红色革命文物中所蕴含的感人红色故事。

（资料来源：中国日报网）

十八、举办 2020 湖南阳光娱乐节暨首届中老年文化旅游节

11 月 19 日上午，“美丽中国 • 快乐湖南”2020 湖南阳光娱乐节暨首届中老年文化旅游节开幕式在长沙新华联铜官窑古镇景区举行。

开幕式紧扣“美丽中国 • 快乐湖南”主题，《“鼓”舞新时代》《长沙弹词》《锦绣潇湘等你来》等极具特色的节目，讴歌了新时代湖南文旅人砥砺奋进的精神风貌，备受好评。开幕式上进行了湖南“阳光消费 文旅联盟”签约，发布了 2020 湖南文旅消费电子地图和中老年旅游产品，宣读了表彰全省文化旅游企业单位在抗击新冠肺炎疫情、推动复工复产工作中作出突出贡献的先进集体、先进个人的通报，并向受表彰先进集体、先进个人颁奖。

本次阳光娱乐节暨首届中老年文化旅游节创新推出“1+4”模式，即活动开幕式、夜经济发展大讲坛、湖南文化旅游联盟签约、中老年文艺联欢会和书画摄影工艺品作品展示会。系列活动将持续至本月中下旬，为进一步激发文旅市场主体活力，促进消费，推动文化旅游市场提质转型升级提供示范引导作用。

（资料来源：湖南省文化和旅厅市场管理处）

十九、举办 2020 湖南省智慧文旅发展论坛

12 月 11 日，由湖南省文化和旅游厅主办的 2020 湖南省智慧文旅发展论坛在

长沙举行。湖南省委宣传部副部长，湖南省文化和旅游厅党组书记、厅长禹新荣，湖南联通党委书记、总经理谭明出席论坛并致辞。

论坛以“5G 赋能新文旅，开创数字新未来”为主题，举办文旅科技 5G 数字展，对智慧产品、智慧设施、智慧装备的信息技术应用进行了展示，为文旅管理部门、景区、文博场馆提供整体解决方案，同时还邀请了多名文旅行业专家、文旅企业代表发表主题演讲，分享各自在智慧文旅建设发展中的经验，并以“新基建、新文旅、新未来”为主题开展了圆桌讨论，研究探讨“文化 + 旅游 + 科技”融合发展的有效路径。

近年来，湖南出台了《湖南智慧文旅发展指导意见》和《湖南智慧文旅顶层设计方案》，不断扩大数字内容生产、完善智慧文旅服务体系、优化数字文旅发展环境，积极培育数字文旅发展生态，形成了智慧文旅“1249”发展体系暨“一中心、两体系、四平台和九工程”，为文旅高质量发展提供了强大动力。

下一步，将科技创新融入文化和旅游发展全过程，拓展互联网技术在文化和旅游领域的应用，加快文化和旅游大数据工程建设，推进全省智慧旅游体系建设，利用大数据、人工智能、5G 等新技术，逐步实现文化旅游智慧监管、智慧营销和智慧服务，打造更多文旅新产品、新场景、新业态。不断完善体制机制，实施规划引领，强化统筹协调，加大经费投入，加强人才培养，坚持技术赋能、开放共享、安全可控、合作共赢，进一步提升信息化决策水平、治理能力和服务效能，让人民群众拥有更多文化和旅游的幸福感、获得感、安全感。

（资料来源：湖南省文化和旅游厅官网）

二十、获评首批国家文化和旅游消费示范城市

12 月 29 日文化和旅游部召开推动文化产业高质量发展座谈电视电话会，宣布了国家文化和旅游消费示范城市、试点城市，以及国家级文化产业示范园区、创建园区名单，长沙获评首批国家文化和旅游消费示范城市，马栏山视频文创产业园获批创建国家文化产业示范园区。

2016 年，长沙成为首批国家文化消费试点城市。试点以来，长沙注重从供给侧发力，形成了“供给引导消费，创新驱动发展”的长沙模式，先后获评世界“媒

体艺术之都”“东亚文化之都”，跻身中国旅游影响力城市十强，连续13年被评为中国最具幸福感城市，长沙文化消费试点获评国家一档奖励，进入全国第一方阵。

2020年“五一”假期，长沙入选全国十大最受欢迎出游目的地城市，端午假期位列旅游消费全国夜间旅游热门城市榜第1名；2020年国庆黄金周，长沙首次跻身国内酒店预订最多的十大城市。除北上广深之外，长沙是车票到达目的地最多的城市；长沙地铁单日客流量创下200万乘次的历史新高；太平街接待人数达到165万人次。携程数据显示，元旦酒店预订热门城市中，长沙榜上有名，位居第4位，网红城市长沙魅力可见一斑。

活跃的长沙文旅消费，成为解读“中国最具幸福感城市”的一串密码。以项目为支撑，文旅消费新场景不断涌现：2020年全市铺排重大文化旅游项目110个，预计项目总投资1867亿元，2020年度预计投资272亿元；以品牌为引领，文旅产业聚集发展：长沙拥有国家级文化产业示范园区（基地）12家，省级文化产业示范园区1家，支持国家级、省级园区（基地）做大做强；以活动为燃料，助燃文旅消费活力：创新举办阳光娱乐节、“夜星城”消费节、草莓音乐节、青春芒果节、秋之颂•赏长沙文旅季、媒体艺术节、桔洲音乐节、坡子街庙会、杜鹃花艺术节、图交会、印博会、公益电影放映月等系列品牌节会活动。

（资料来源：湖南省人民政府门户网站）

第五章
2020 年度全国文旅消费热点发展典型

自新冠肺炎疫情暴发到2020年，全球旅游业整体处于下滑水平。当境内疫情防控步入常态化后，旅游内循环正在逐渐恢复运转，各旅游大省标志性景点的企业积极运营自救和政府大力政策经济支持的案例为湖南省长沙市旅游业的复苏提供了可靠的参考蓝本。本章结合上文中对长沙市旅游业态的综合分析，从细分旅游行业、市场预测与趋势、旅游消费习惯的角度出发，联系范例当地的旅游业成熟度、实际成效、代表性、可行性，以包括长沙在内的三亚、重庆、武汉、湖州、北京、巴中、克拉玛依、深圳、西安、澳门和衡阳等十二地为例进行案例分析。其中海南、重庆、武汉、克拉玛依等典型获得中央级媒体的多次、持续的报道并成为国家级专家评论员的研究对象，故具有较高的专业借鉴意义。

一、长沙：文旅消费与“火炉”天气，哪个更火热?

（一）热点事件

7 月 11 日，历时 6 年建设的湘江欢乐城正式对外营业。谁能想到，这座冰雪欢乐城的“前生”竟是一座 20 世纪 50 年代留下来的工业遗产资源——一个百米深矿坑！从“地球疮疤”到“超级冰箱”的蝶变，被美国探索频道认为是“世界九大不可能完成的项目”之一。湘江欢乐城全部建成之后，最大日接待量可达 10 万人次，年接待量 1500 万人次，预计实现年收入 30 亿元。在湘江欢乐城周边，巴溪洲水上乐园、湘军文化园、华谊电影小镇等与之交相呼应；恒大文化旅游城、海昌欢乐海洋公园等项目正加紧建设，一山（大王山）、三水（湘江、观音湖、桐溪湖）、一洲（巴溪洲）景观格局与岳麓山一脉相承。加强文旅设施融合，是长沙文旅打出的另一套组合拳。近年来，长沙统筹各类文旅设施及服务，让每个群体都能找到相适宜的文旅消费。实行公共文化场馆全部免费开放，让基本文旅消费更有保障；打造精品消费场景，先后建成长沙博物馆、音乐厅及梅溪湖国际文化艺术中心等全国一流的文旅设施；每年投入近 3000 万元向长沙音乐厅、梅溪湖大剧院等购买服务，举办国际音乐艺术季、中外著名城市交响乐团长沙峰会等文旅活动，为市民享受高雅艺术提供好去处。与此同时，长沙整合公共文化资源，创新开展“百村千场文化进万家”活动，文艺进景区、焰火进景区、网红直播进景区等各类融合新业态精彩呈现。

仲夏之夜，“越夜越美丽”成了网红长沙的一个时尚标签。每当夜幕降临，解放西路，人山人海、灯火通明；小巷街头，夜宵摊点热闹非凡；梅溪湖大剧院，时常座无虚席。长沙的“夜经济”，升腾着浓浓的烟火气。

炎炎盛夏，有着“火炉”之称的长沙正在经受酷暑高温的“炙烤”。不过，在艳阳高照之下，长沙的文化旅游同样是热潮涌动、热情似火，尤其是“马栏山音乐节”，用青春力量带动一座城市炙手可热。截至 6 月底，长沙文旅市场旅游总人数、旅游总收入都已经达到去年同期水平 85% 以上，特别是周边一日游，超过去年同期水平 3%，领先全国其他城市。

全国首条大众点评必吃街落户长沙，看中的就是长沙夜间交易额和夜间消费人数的快速增长。长沙夜间经济 22:00 之后的消费活力最强，22:00 至次日 06:00

这一时段，消费额占夜间总额比重为30.8%，在北京、上海、广州、深圳等16个样本研究城市中排名第一。“夜经济”“网红经济”“打卡地”……这些网感十足的新名词背后，折射的是长沙经济发展的流光溢彩，是星城文旅消费的活力四射。

（二）事件点评

2020年支付宝发布“端午夜经济报告”，长沙都正街跃居全国十大夜市第二名，也是湖南唯一上榜夜市。从一条旧城老街，华丽转身为一条魅力街区，这是长沙文旅重点打造特色精品街区的漂亮答卷。如何让文旅消费红火起来？从供给端发力才能先发制人。聚焦平台建设，扩大文旅消费供给，成为长沙促进文旅消费的“先手棋”。

着眼全域旅游平台建设，在内五区做精特色街区。近年来，长沙结合棚户区改造、老城区有机更新，重点打造特色精品街区，改造长沙历史步道60余公里，形成都正街、太平街、黄兴路步行街等30余条历史文化街区和特色商业街区，并将贾谊故居、岳麓书院、天心阁等著名景点融入其中，为文旅消费提供时空载体。

着眼全域旅游平台建设，做优特色小镇。长沙在望城区集中打造湘江古镇群，形成“到靖港寻古、乔口吃鱼、铜官玩陶、新康看戏、书堂润墨、丁字赏石”的特色品牌旅游。长沙县、浏阳市、宁乡市则因地制宜推动建设了浔龙河生态艺术小镇、文家市红色文旅小镇、关山古镇等一批独具魅力的文旅小镇。去年，长沙文旅小镇旅游总收入超160亿元。做强文化园区也是平台建设不可或缺的方面。就在7月31日，妖夜、流浪的军刀、丁墨等30余位网络文学大咖，正式入驻马栏山视频文创产业园的中国网络文学小镇。马栏山视频文创产业园现有爱奇艺、西瓜视频等文创类企业1000多家，2020年1月至5月实现企业营业收入136亿元，同比增长14%。近几年，长沙全力扶持12家国家级文化产业园区（基地）创新发展，成功打造马栏山视频文创产业园、国家文化广告产业园、后湖国际艺术区等一批特色鲜明的文化产业园区，文化园区总产出达2100亿元。

（三）重要启示

在当前疫情防控常态化局势下，居民生产、生活基本复苏，夜经济、网红经济发展迅猛，长沙成为全国出游最热城市和夜间旅游热门城市之一。网红品牌“文和友”“茶颜悦色”，都是长沙“夜经济”催生出的新兴业态。

做大做强文旅市场，激发文旅消费的活力，离不开业态的创新。依托长沙独特的资源禀赋，挖掘内涵、打破边界，这是长沙打出的组合拳之一——加强文旅资源融合。

（资料来源：腾讯网）

二、三亚：海南离岛免税吸引消费回流

（一）热点事件

2020 年 6 月 1 日，中共中央、国务院正式公布《海南自由贸易港建设总体方案》。7 月 1 日，财政部、海关总署、税务总局发布《关于海南离岛旅客免税购物政策的公告》（2020 年第 33 号），海南离岛免税购物额度从每年每人 3 万元提高至 10 万元，且不限次数，离岛免税商品品种由 38 种增至 45 种，手机等电子消费类产品纳入其中，同时取消单件商品 8000 元的免税限额规定。12 月 30 日，三亚海旅免税城、中免集团三亚凤凰国际机场免税店和中服三亚国际免税购物公园 3 家免税店同日开业，海南离岛免税店由原来的 4 家增加到 7 家。据海关统计，2020 年海南离岛免税全年总销售额 274.8 亿元，同比增长 103.7%；免税购物实际人次 448.4 万人次，同比增长 19.2%；免税购物件数同比增长 87.4%。

（二）事件点评

免税购物是出境旅游消费的重要内容，在海南国际旅游岛建设全面开启、出境旅游按下暂停键的大背景下，海南离岛免税购物尤其惹人注目。首先，海南旅游发展引发全球关注。海南打造国际旅游消费中心的政策路径已经明晰，当前全球的奢侈品集团都在关注海南，谋划设立区域机构以占得先机。其次，快速布局提振行业信心。在疫情防控形势和外部环境仍存在诸多不确定性的 2020 年，海南购物免税多元主体、多地共荣的运营格局快速形成，与景区、餐饮的带动和互动效果显著，政策的全面支撑、市场的热情回应使得旅游行业发展底气十足。最后，免税购物大增，消费回流趋势初现。从 2020 年的成绩单来看，新政实施的短短几个月，免税购物快速大幅增长。释放消费潜力，增强发展内生动力，引导海外消

费回流的态势初步形成。

（三）重要启示

面对规模不小的出境旅游者和境外购物消费，通过国际旅游岛建设具有世界影响力的海南免税市场，积极促进消费回流是推动经济高质量发展的必然选择。未来仍需关注如下问题。一是打造重要国际枢纽。在国内国际双循环的大发展格局中，既要吸引世界各大企业进驻，更要吸引各国消费者的到访，打造中国重要对外开放门户，加强与东南亚地区的交流合作，形成具有国际影响力的消费地。二是激发开放竞争活力。通过引入多个经营主体，特别是引入国际经营主体，形成开放竞争格局，建立充满活力的免税消费市场。要紧抓离岛免税购物政策红利，吸引高端消费者和海外消费回流。三是提高购物服务品质。通过完善免税店布局提升购物环境、增加相关服务、满足消费者购物需求、改进提货方式等，多方面优化游客免税购物体验，打造五星级免税服务体系，使海南真正成为购物的天堂，打造“海南免税购”品牌。四是带动海南旅游发展。通过免税购物这一海南旅游的“金字招牌”带动旅游商业服务业全面提质升级，打好组合拳，继续加大特色旅游产品的创新开发力度，提升旅游服务质量，以实现旅游业转型升级。

（资料来源：中国社会科学院旅游研究中心）

三、重庆：“双晒”活动巩固城市“文旅”自信

（一）热点事件

2020年6月11日晚，在重庆开州区汉丰湖畔，第二季重庆“晒旅游精品·晒文创产品”大型文旅推介活动正式拉开序幕。在近半年时间内，重庆各区县将通过网络直播、线下营销等形式，轮流推介重庆各地的文化旅游精品和文创产品。早在2019年3月25日起，重庆已启动第一季“双晒”推介活动，全市38个区县和两江新区、万盛经开区轮番“登场”，由区县委书记亲自出镜，用拍视频、讲故事的方式晒文化、晒风景，对重庆巴渝文化进行阐释和演绎。2020年的“双晒”第二季则由区县长出镜直播，在晒文化、晒风景的基础上，进一步聚焦文化旅游产品，把好资源变好产品，推动疫情之下文旅市场全面恢复，拉动地方消费。

（二）事件点评

重庆通过“晒旅游精品·晒文创产品”活动，推动文旅业迎来全面复苏。数据显示，“双晒”实现直接文旅消费上亿元；2020 年中秋国庆假期，A 级旅游景区接待游客 1108.6 万人次，按可比口径同比恢复 86.3%。金佛山景区相关负责人徐应超表示，这次政府开展的“双晒”直播不仅给景区带来了经济效益，还让重庆看到了数字营销的新机会。重庆市文旅委副主任秦定波说，“双晒”不仅是一次城市文旅推介活动，也是一次成功的城市形象提炼、品牌提升与传播的经典创意；不仅晒出了重庆的山水颜值，更彰显了城市文化自信，传播了城市文化精神。

（三）重要启示

“双晒”可以说是危机下的破冰之举，既看眼前，又谋长远。开州区委书记冉华章说，“双晒”也是对区县党政主官的一次“大考”，考干部们对主政地的熟悉、了解和发展思路，也考干部与群众面对面交流、开展群众工作的能力和底气。通过“双晒”，干部们更加熟悉热爱自己生活服务的一方水土和群众，也进一步提升了当地群众的文化自信，晒出了重庆的“精气神”，不仅兴了文化，更聚了民心。

（资料来源：新华网）

四、武汉：143 项文旅活动，夜游、红色旅游受热捧

（一）热点事件

2020 年“十一”旅游黄金周 8 天长假，武汉市文化和旅游战线认真贯彻落实《武汉市“庆国庆、迎佳节”重大活动总体方案》部署要求，以“感恩有您，邀游武汉”为主题，成功举办“长江嘉年华”“我在东湖等你”“乡约武汉”美丽乡村嘉年华、“艺术盛宴 江城有戏”文化嘉年、“英雄城市 红色传承”主题展、“打卡江城 武汉有礼”系列活动等六大板块 143 项文旅活动。景区免费开放、活动丰富精彩、服务质量提升，使全市文化和旅游市场人气兴旺，加速回暖，安全有序，欢乐祥和，黄鹤楼公园位列国内景区热度排名第一，武汉成为热门旅游目的地和境内外媒体关注的热点。

（二）事件点评

文化活动丰富多彩，文旅融合相得益彰。围绕“致敬祖国、致敬英雄”，全市文化战线组织开展了系列活动，丰富节日期间市民游客体验。琴台大剧院、琴台音乐厅、武汉杂技厅、中南剧场等大中型剧场演出52场。专业文艺院团、群众文化团体和非遗展示送文化惠民活动进景区和旅游特色街区156场次。武汉非遗嘉年华在东湖楚城举办，包括汉绣、热干面制作技艺等最具武汉代表性、地域性的15个项目20多个传承人参加现场制作、展示。江汉路步行街重新开街后，25项非遗项目10余名非遗传承人走进江汉路进行集中展示，现场与游客进行互动交流，受到各级领导和普通老百姓的肯定与好评。市区公共图书馆依托丰富的线上线下优势资源，为广大市民读者奉上了形式多样的阅读体验活动，服务读者20余万人次。全市134家影院上映19部电影，观演人数162.06万人次，实现票房收入6371.9万元。

（三）重要启示

节日期间，市委、市政府主要领导和分管领导多次调研检查文化旅游安全及服务工作。武汉市文旅局认真贯彻落实《国务院安委会办公室关于山西太原台骀山滑世界农林生态游乐园有限公司“10·1”火灾事故的通报》及《文化和旅游部办公厅关于进一步加强文化和旅游经营场所火灾防控工作的紧急通知》，及时向行业单位下发安全提示函，要求各景区继续认真做好安全生产工作，确保游客安全。同时，派出6个督导组开展节日检查，每个A级景区实行三个一现场督导服务（一名文旅工作人员、一名卫健工作人员、一名文旅志愿者），严格落实疫情防控和旅游安全各项措施。市、区文化部门假日期间共出动执法人员811人次，检查各类经营单位1582家次，其中检查网吧773家次，娱乐场所321家次，影院117家次，印刷、出版物经营单位179家次，文博旅游单位192家次。发现安全隐患8处，责令改正8家。共收到旅游投诉11起，正在处理之中。全市假日文旅市场运行平稳，无重大旅游质量投诉，无安全责任事故发生，实现“安全、秩序、质量、效益”四统一目标。

（资料来源：凤凰网）

五、浙江余村安徽西递：入选联合国“最佳旅游乡村”

（一）热点事件

余村位于浙江省湖州市安吉县，余村不大，280 余户 1000 多口人，村子三面环山。沿着村主干道一直往里走，过了“绿水青山就是金山银山”的石碑，便能见到文化礼堂，一侧就是老村委会办公楼。2005 年 8 月 15 日，“绿水青山就是金山银山”的科学论断就在余村被首次提出。在美丽乡村建设、乡村振兴、共同富裕的大背景下，余村实现了从“卖石头”到“卖风景”的华丽转型。

过去，全村 80% 的村民都从事着矿石水泥行业。而如今，从事旅游休闲产业的农户有 40 多户，从业人员 300 多人，2020 年接待游客近百万人次。村集体经济收入由 2005 年的 91 万元增加到 2020 年的 724 万元。2020 年，村民人均收入达到 5.6 万元。

西递村位于安徽省黄山市黟县，中国传统村落。西递村整体呈船形，四面环山，两条溪流串村而过。村落以一条纵向的街道和两条沿溪的道路为主要骨架，构成东向为主、向南北延伸的村落街巷系统。所有街巷均以黟县青石铺地，古建筑多为木结构、砖墙维护，木雕、石雕、砖雕丰富多彩，巷道和建筑的设计布局协调。村落建筑色调朴素淡雅，是中国徽派建筑艺术的典型代表。西递村文化底蕴深厚，拥有徽州三雕、徽州传统民居营造技艺两项国家级非物质文化遗产。

20 世纪 80 年代末，西递村开始发展乡村旅游，以徽派传统古建筑和田园风光吸引了大量游客。西递村从一个欠发达的村庄转变为国内外知名的乡村旅游目的地。2020 年，余村和西递村入选首批联合国世界旅游组织“最佳旅游乡村”。

（二）事件点评

让世界通过中国乡村，深入了解健康、可持续发展的中国。余村和西递村是中国乡村旅游蓬勃发展的缩影。近年来，文化和旅游部积极推动乡村旅游发展，培育了一批生态美、生产美、生活美的乡村旅游目的地。目前有全国乡村旅游重点村 1199 个，全国乡村旅游重点镇 100 个，乡村逐渐成为人们度假休闲的好去处。乡村旅游在丰富旅游市场的同时，也为乡村群众铺就了脱贫致富路。

（三）重要启示

联合国世界旅游组织“最佳旅游乡村”评选工作旨在通过旅游促进乡村文化遗产保护和可持续发展。下一步，建议面向海外市场，着力把一些有条件的乡村培育成国际乡村旅游目的地。

六、北京：日光山谷——轻奢自然营地乐园的精准扶贫

（一）热点事件

位于北京密云穆家峪镇阁老峪村的日光山谷——轻奢自然营地乐园，占地面积约 1000 亩。该项目整合资源，围绕新中产阶级家庭自驾客户的需求，着力打造满足消费升级需求下的休闲度假产品。日光山谷位于北京 1 小时都市经济圈内，地处密云水库南线，自然风光优美，3 小时车程内覆盖约 1 亿主要城市消费人群。项目经营范围以餐饮、住宿、娱乐一价全包的内容为主，以团建会议接待为辅，园区内容丰富，包含迪卡侬运动体验公园，ATV 越野车和卡丁车赛道，趣味登山步道，三个主题活动空间，涵盖露营、亲子娱乐、自然教育、开心农场、有机美食、户外运动等各类休闲度假体验方式。日光山谷是全域旅游的落脚点和集散地，成了精准扶贫的经典案例和乡村振兴的样板工程，开创了旅游新业态。项目经过近 2 年时间的精心策划、建设及经营，展示出丰富的休闲娱乐业态内容、高品质的度假服务、优质的户外体验环境，提升整个区域休闲度假的档次和格局。结合日光山谷营地乐园作为自驾游基础配套设施的属性和户外休闲度假体验的综合性平台，打造区域休闲度假旅游集散地的功能，整合区域内各类优质旅游资源形成线路，落地实践推动全域旅游发展，最大限度激发旅游的带动和提升经济发展的作用。

（二）事件点评

令消费者可以体验到多元化的住宿单元是日光山谷的突破口之一。在最初规划阶段，日光山谷就将房车、木屋、帐篷、集装箱等多种住宿形态列入计划之内，并逐步落地。主张打造消费者在自然中的第二个家的设计理念，赋予了消费者“主人翁”的使命，做自然的守护者，重新定义一种生活方式，是日光山谷推崇的理

念。吃得好坏是很大程度上让客人留下来的原因，日光山谷主打“米其林”级别的生态餐饮理念，邀请到原上海和平饭店行政总厨、米其林中国区评审专家委员会评委汪雪东老师，精心挑选新鲜的本地食材，打造自助餐、烧烤、特色中式菜品、西式点心多种餐饮类型，让消费者在度假时光中体验到自然的美味。

在娱乐部分，日光山谷兼顾了有趣与安心。园区内多样的儿童娱乐设施、兼顾成人儿童的山谷骑行、卡丁车、UTV 山脊穿越、集休闲健身于一体的自然之路，以“安全”为大前提的精心设计、不过于追求“惊险刺激”，而是打造“老人儿童孕妇都可以参与的娱乐线路”，让每位来到山谷的客人都能享受到自然度假的美好。日光山谷主打家庭自驾游客群，在配套设施设计中，设计的家庭洗手间、儿童休息区等更加舒适、宽敞，不仅便于母亲哺乳，也解决了父母对儿女单独上洗手间的担心等问题。除了园区内的娱乐活动，日光山谷还致力开发多条户外延伸线路，消费者可以在延伸线路中体验更多徒步、滑雪等户外运动。住宿、餐饮、娱乐等全方位产品优化，在消费者群体中形成了自然的传播口碑，对于初期的山谷营销，日光山谷取得了“0 成本投入，通过消费者自然传播完成 50% 入住率，3 个月实现一季度收支平衡”的好成绩。

（三）重要启示

日光山谷借鉴 Club Med 开创的“一价全包”式度假村概念，结合国内市场，打造了适合中国家庭消费者的“一价全包”模式，带来餐饮、住宿、休闲娱乐一体化服务，让消费者来到山谷不需要过多纠结附加费用，把自己交给山谷，体验静谧、极致的休闲度假生活，“一步到位”，也是打造高端品质服务的重要体现。如何应对竞争日益激烈的休闲度假市场？

所以，不仅是日光山谷，对于整个休闲度假市场来说，做好产品本身就是效果显著的营销手段。

（资料来源：搜狐网）

七、四川省巴中市南江县：赤溪镇西厢村炼成乡村旅游“网红村”

（一）热点事件

初秋时节，伴随着清新的山风，车辆驶进四川省巴中市南江县赤溪镇西厢村，入眼皆是美景：巴山新居错落有致，金丝楠木郁郁葱葱，留萤小筑夜赏星空，西厢记忆古色古香……唯美景色令人心旷神怡，植梦西厢让人流连忘返。

地处秦巴山区腹地的西厢村，曾经收入低、出行难、住房旧、环境差，是典型的贫困村。2020年，该村入选中国美丽休闲乡村，成了远近闻名的“网红村”。

短短几年时间，一个大巴山里的贫困村如何突破重重困境，炼成今日的乡村旅游“网红村”？

（二）事件点评

“三筹”联动产业更集聚。西厢村聘请了四川省文化和旅游厅专家、国内顶级萤火虫专家、战旗村策划总监、五星村党委书记、宽窄巷子设计策划师等多位专家学者，实地指导规划，并充分征求群众意见，编制《连片发展农文旅融合项目规划》，致力于建设全国乡村旅游休闲度假区。美好的蓝图不仅让群众充满憧憬，而且吸引了众多投资者的目光。旅游项目前期投入资金较多，为了缓解业主资金链的问题，该村探索建立了企业自筹、村民众筹、政府奖筹的“三筹”模式，迅速吸引一批等待和观望的投资者到西厢村发展。通过“三筹”模式，截至2020年底，西厢村撬动社会资本2.1亿元，建成加工厂一个、青钱柳观光产业园4500亩、茶叶2200余亩、金银花500余亩，龙腾峡漂流、小木屋等20多个旅游项目投入运营。金丝楠木、小木屋、村史馆等一批独具特色的热门旅游景点成为网红打卡地。

“三变”发力产业更富民。西厢村综合考虑个人意愿、企业需求、现实情况等因素，实行农民变股民、农民变员工、农民变社员的“三变”行动，让村民收入更有保障。2020年，西厢村人均收入达2.2万余元，较2012年增长7.5倍。农民变股民，即农户不仅可以通过土地、山林等资源入股，还可以通过现金、贷款等资金入股，也可以通过房屋、设施等资产入股方式，积极参与产业发展，既推动整村建设发展，又享受分红增收的红利。

“三式”经营产业更富村。过去的西厢村，虽然具有丰富的“五古”、水利、土地等资源，但无法实现应有价值，集体经济收入几乎为零。西厢村大力发展阶段，村两委整合“三资”集中统一经营发展，通过“入股式、流转式、经营式”的方式，让集体经济同西厢村旅游市场同步壮大。

（三）重要启示

西厢村通过“三维”突破让产业更兴旺。一是进一步丰富旅游业态，围绕吃住行游购娱，计划启动游客接待中心、骑行步道等旅游项目，开发鱼干饭、十大碗等特色美食，生产楠木制品、竹艺品等旅游产品，同时进一步整合资源，构建游乐联盟、民宿联盟、美食联盟，让西厢村更加宜居、宜业、宜游、宜留。二是进一步强化品牌创建，积极申报，对标补短，积极将西厢村建成天府旅游名村、3A 级旅游景区、大学生实践见习基地、家风教育基地。三是进一步多维宣传推介，积极举办嘉年华、岳氏文化研讨会等活动，邀请主流媒体积极推介，通过网络渠道多方宣传。特别是前两届嘉年华活动，到场游客均达到两万人以上，纷纷对好风景、好环境、好项目点赞。2021 年，嘉年华活动更是会新增游乐体验等项目，将作为分会场同巴中市乡村文化旅游节同步举行，令人期待，引人神往。

（资料来源：民生网）

八、“西部乌镇”：克拉玛依乡村新景

（一）热点事件

白墙青瓦、雕梁花窗的徽式建筑坐落在天地之间，尖顶木屋、集装箱住宿、背包客帐篷，还有玻璃小屋，一座座风情各异的小楼矗立，金色的胡杨和农田向远处延伸，一顶蒙古人特有的五彩长生帐矗立在小镇中间，再远处，则是“世界最美雅丹”的世界魔鬼城……眼前的一切，在夕阳映照下构成一幅极具冲击力、五彩多元的画卷。这是新疆克拉玛依市乌尔禾区乌尔禾镇，如今，人们称之为“西部乌镇”。西部乌镇建筑面积 27 万平方米，是一个集旅游民宿、房车自驾营地、民俗文化、休闲农业、特色养殖等为一体的旅游服务综合体，民宿共有 8000 多张床位，局部区域于 5 月建成投入使用。数据显示，仅“五一”期间，乌尔禾区就接待游客 20 万人次，以西部乌镇为代表的各类民宿、酒店、客栈入住率达到

98%。西部乌镇的建成投用，不仅彻底改变了乌尔禾镇落后的村落面貌，而且让农牧民的钱袋子鼓了起来，大量游客纷至沓来，更让“荒野之旅 时尚之都”这个克拉玛依旅游品牌走向全国。

（二）事件点评

作为克拉玛依市旅游发展的重点区，总面积 2000 多平方公里的乌尔禾区地处通往喀纳斯景区的交通要道，是北疆旅游地理位置中心黄金线上的必经之路，是北通阿勒泰、南进伊犁、西出塔城、东入乌鲁木齐的重要节点，辖区拥有森林、草原、沙漠、湖泊、湿地、高山、雅丹等多种地形地貌，拥有世界魔鬼城、艾克里湖、白杨河大峡谷等景区，旅游资源丰富。但是，长期以来，由于酒店等旅游基础设施不完善，游客只把这里当作北疆西部旅游黄金线的过路站，乌尔禾的地理位置优势没能得到很好的发挥。

在推进庭院经济发展和乡村旅游过程中，面对农牧民宅基地面积大且闲置多、老龄人口多、环境急需改善，以及旅游服务设施不完善等问题，乌尔禾区结合实际引导村民将宅基地交给村委会，打造特色民宿。按照这一模式，2018 年，乌尔禾镇建成样板民宿——“玫瑰花园”。仅 2019 年，玫瑰花园营业额就高达 192 万元。玫瑰花园民宿的打造和运营，让很多村民真切感受到了发展旅游、发展民宿的巨大潜力。2020 年 3 月底，乌尔禾镇两村 104 名村民联名倡议，要求以供给侧结构性改革方式，统一推进特色民宿建设。在区镇两级党委和政府积极响应和指导下，坚持“农民身份不变、宅基地资格权不变、集体收益分配权不变”的前提下，运用市场化手段，盘活了利用农户闲置宅基地和集体建设用地，实施西部乌镇项目，成了旅游住宿带动乡村振兴的典型项目。

（三）重要启示

在西部乌镇项目实施中，“我为群众办实事”始终贯穿其中。制定政策时，从优先保障和发展群众利益的角度出发，明确农户财产不受损失，明确农户收益按期发放，明确所有新建设施属于所有村民集体所有，明确参与项目的农户不承担任何风险，最大限度地让利于民、造福于民。

（资料来源：民生周刊）

九、深圳：活起来的南头古城

（一）热点事件

在车水马龙的深圳南山区，隐藏着一座拥有 1700 年历史的城池——南头古城。

2020 年 8 月 26 日，330 多米长的南头古城南北街示范段开街营业，这座曾沉寂在岁月长河中的古城再次引起人们的关注。曾经淹没于城中村里的南头古城，正经历一场保护与利用的新变革。开街以来，南头古城屡获嘉奖。作为全国旧城有机更新与文化保护发展典范，南头古城在 2020 年中国城市更新论坛中，获评 2020 中国城市更新优秀案例。南头古城成为深圳首批“特色文化街区”授牌单位，南头古城也获准认定为市级文化产业园区。南头古城经历蝶变重生，如今已经成为遗址本体保护、历史传承、多元文化展示与城市共生的样本。

（二）事件点评

文化遗产保护是为了留下历史，留下民族共同的记忆。深圳是我国先行示范区，南头古城作为深圳最有魅力的文化名片和历史全景博物馆、深港历史文化之根、深圳的城市原点，承载着衔接古今的重要使命。

自 1997 年起，南头古城寻找到了一条属于自己的独特保护发展道路。2019 年，“蝶变计划”——南头古城保护和利用项目正式诞生后，18 家区委、区政府单位组成的南头古城保护和利用工作专班，将古城保护利用纳入全区“三大攻坚战役”，形成“一盘棋”格局，举全区之力推进项目实施。按照“政府主导、企业实施、社会参与”，由政府主导项目方向，确保规划、设计、建设和运营工作均符合项目建设和运营要求，符合社会公共利益的需要，同时也为建立“共建共治共管”的管理模式提供有益探索，让政府、运营公司、居民和商家等各方力量发挥各自优势，共同参与古城的管理。针对如何留住古城，专家提出 3 点注意得到了很好的贯彻实施。一是对现有古城进行保护，不能因市政建设的需要而对古城有所损坏；二是整理好古城现有资料，梳理出清晰的古城历史脉络和文化故事；三是对古城周边进行保护性考古挖掘，对古城下一步的活化利用和研究意义重大。

（三）重要启示

南头古城焕新的成功源于做到了 3 点，一是“多改”，规划方案经历 40 余次修改，系统性考虑南头古城未来的发展、功能与服务需求。二是“少拆”，拆除的建筑面积约 2000 平方米，仅占统租建筑范围建筑面积的 0.02%。三是“不变”，施工过程由规划设计领域大师总把关，邀请广州灰塑国家级非遗传承人邵成村等古建领域能工巧匠参与，最大限度还原了古城历史风貌。选择修旧如旧的微改造，用极细腻的功夫，让城市留住记忆，让人们记住乡愁。同时，尽可能满足了当地居民的生活需求。在历史与现代，传统与时尚，旧与新的碰撞中，南头古城的保护与开发对城市的有机更新提出了一种可能性。在新鲜力量给古城注入活力的同时，市井生气并非全然消散，它们退居到里巷，又开始自发地生长起来。

南头古城作为深圳市一张亮眼的文化商业名片，进一步带动了区域产业发展。真正让南头古城活了起来。

（资料来源：民生周刊）

十、西安：文旅消费季开启消费新高地

（一）热点事件

文旅新场景让游客出游有更多选择，“月光之旅”照亮了游客出游的脚步，实实在在促进经济增长的一小步，为随后的大步追赶超越迈出了最关键一段距离。文化旅游消费季活动正式开启，豪礼层出不穷，文旅消费券发放、景区门票减免、文化演出打折、酒店出游特价、数字文旅便捷消费等，一波波优惠，是一份份实惠，特色鲜明、内容丰富、各具特色的文旅消费活动，多措并举积极推进夏秋旅游，释放新兴消费、助推市场恢复。

（二）事件点评

大数据显示，小长假期间，西安酒店成交量位居全国十大酒店热门城市的第八位，其中“午夜房”成交量全国排名领先。全市重点监测的 15 家精品和舒适民宿，收入超过 110 万元。《长恨歌》以接待游客 5.08 万人次，收入 1380.74 万元领

跑夜间旅游演艺市场。2020 年 8 月 1 日起免费开放的大唐芙蓉园景区，深受市民游客关注和喜爱，园内火树银花，唯美夜景让人仿佛回到盛唐，新场景长安胡店、胡店码头、夜间演艺《大唐追梦》《梦回大唐》也收获众多拥趸，闪亮入选“2020 十大游客最喜爱夜景区”。

（三）重要启示

夜色下的长安，不仅是梦回大唐的期待和向往，更是将大唐古韵的千年风采邂逅于眼前。随着文旅融合进一步深入，西安的夜经济活力更足，夜色更婀娜。

（资料来源：陕西省人民政府网）

十一、澳门：联动众城重建游客信心

（一）热点事件

在内地与澳门疫情防控形势总体向好的前提下，重启内地居民赴澳个人游。2020 年 8 月起，内地逐步恢复办理广东外其他省份居民赴澳门旅游签注。与此同时，澳门特区政府 9 月 1 日宣布动用 4 亿澳门元的抗疫基金，举办酒店和机票优惠抽奖活动，以吸引更多旅客到澳门；9 月底，为迎接黄金周，澳门旅游局在北京王府井举行了“北京－澳门周”，推广澳门的旅游、商贸、文化及美食。11 月 4 日，澳门特区政府宣布推出新一轮活动“畅游澳门嘉年华”，集中宣传来澳门安心旅游，争取更多内地游客在节假日来澳门旅游，促进旅游业复苏、提振经济。澳门拟通过举办格兰披治大赛车、美食节、国际马拉松比赛、世界乒乓球职业大联盟澳门比赛等国际性活动赛事，来证明当前情况下，澳门旅游业完全有能力做好常规的市场宣传和服务。

（二）事件点评

澳门特区政府旅游局对针对本地旅游业特点和疫情防控形式，将澳门的旅游复苏计划分为了三个阶段：第一阶段海内外预热宣传，第二阶段吸引内地周边城市居民赴澳门短期游，第三阶段吸引国际旅客、推出交通网络优惠。澳门特区政府社会文化司司长欧阳瑜说，希望在外部条件许可的情况下，每月推出一项国际性的体育赛事。她表示，澳门曾有过举办体育盛事的基础，也有能力在抗疫常态化之下，组织大型活动。澳门特区政府旅游局局长文绮华总结到“现在业界形势仍然比较艰难，但自从恢复内地居民赴澳门旅游签注以来，大家已经看到了曙光”。文绮华说，当前澳门旅游业除了做好常规的市场宣传和服务外，最重要的就是重建内地旅客以及国际旅游市场对澳门旅游的信心。

（三）重要启示

澳门一系列的旅游业复苏激励措施是循序渐进地落实的，并牢牢抓住了中西文化结合的特点、世界休闲中心的定位，利用文化交融的人文资源，制作澳门题材作品，结合主流社交媒体及互联网营销方式，向世界各地旅客宣传澳门非博彩的文化元素，吸引更多旅客到访、延长留宿，助力澳门经济复苏。

（资料来源：文旅中国）

十二、衡阳：抓住机遇自我推介，注重本地文旅惠民

（一）热点事件

2020年6月19日，2020湖南（国际）文化旅游产业博览会暨文化和旅游装备展（下称“旅博会”）正式启幕，“两山”将携手亮相，展现衡阳的大美风光和悠久文化。实际上，在旅博会的惊艳亮相仅仅是衡阳复苏旅游产业的突破口，衡阳市着力于调动本地人在当地的旅游积极性，比如：4月2日，2020年衡阳春游活动暨旅游年票网上发行在衡阳市南岳区启动，拉开了2020“衡阳人游衡阳，衡阳人爱衡阳”系列活动序幕，发布衡阳市春游精品线路，举行自驾游发车仪式，并向衡阳抗疫一线医护人员代表免费发放了旅游年票。实实在在的文旅惠民“大礼包”激发了本地游热情，收效明显。

（二）事件点评

“我们将通过创意形式和多媒体技术，让观众身临其境体验衡阳的美，届时还

会有直播带货活动，把衡阳的土特产品推销给全省、全国的观众。”衡阳市文化旅游广电体育局产业科科长杨勇介绍道，并称其为旅博会的大戏。在疫情防控常态化形势下，衡阳将抓住旅博会这一重要窗口和舞台，进一步提振旅游市场，复苏文旅消费。在政府支持、解压企业、重视本地、升级产品等多方配合的组合拳下，2020 年“五一”假期，衡阳全市共接待游客 157.45 万人次，实现旅游收入 12.16 亿元，旅游市场逐步复苏。

（三）重要启示

衡阳市旅游业的复苏给境遇类似的城市提供了良好的借鉴模板；一是善于抓住机遇，将活动机遇作为突破口来打破旅游市场的僵局；二是调动旅游及旅游相关企业的积极性，暂退部分旅游服务质量保证金，支持企业申请旅游发展引导资金，出台旅游产业发展奖励支持办法等，刺激往昔干事创业的热情；三是重视本地居民带动的旅游效应，实实在在地做到“文旅惠民”，良好的旅游体验口碑进而为“引客入衡”打下坚实基础。

（资料来源：华声在线）

图书在版编目（CIP）数据

2021 年长沙市文化和旅游业发展报告 / 陈莉主编 .
-- 湘潭 ： 湘潭大学出版社， 2022.7
ISBN 978-7-5687-0855-5

Ⅰ．① 2… Ⅱ．①陈… Ⅲ．①文化产业－产业发展－研究报告－长沙－ 2021 ②地方旅游业－旅游业发展－研究报告－长沙－ 2021 Ⅳ．① G127.641 ② F592.764.1

中国版本图书馆 CIP 数据核字（2022）第 159450 号

2021 年长沙市文化和旅游业发展报告

2021NIAN CHANGSHASHI WENHUA HE LÜYOUYE FAZHAN BAOGAO

陈莉 主编

责任编辑： 刘 丹
封面设计： 谈振威
出版发行： 湘潭大学出版社
社　　址： 湖南省湘潭大学工程训练大楼
电　　话： 0731-58298960 0731-58298966（传真）
邮　　编： 411105
网　　址： http://press.xtu.edu.cn/
印　　刷： 长沙鸿和印务有限公司
经　　销： 湖南省新华书店
开　　本： 787 mm×1092 mm 1/16
印　　张： 11.5
字　　数： 194 千字
版　　次： 2022 年 7 月第 1 版
印　　次： 2022 年 7 月第 1 次印刷
书　　号： ISBN 978-7-5687-0855-5
定　　价： 38.50 元